簿記学習者のための

ビジネス会計

the japan accounting and
financial analysis examination

桑原知之

検定試験®

3級

第2版

テキスト&厳選過去問

JN029085

ネットスクール出版

簿記を本当に役立てるために
～簿記と財務分析は「計数マネジメント」の両輪～

数年前の夏、以前から倒産の危険性があると思っていた取引先のT社とK社のうち、K社が倒産しました。

あらかじめ両社の決算書を見ていた私は、T社⇒K社の順番で倒産すると思っていたのですが、結果は逆でK社が先に倒産しました。

こうなるとT社の倒産も、火を見るより明らか。

すぐに営業部門に指示し、T社に対する債権残高を確認したところ、「430万円」とのこと。また、T社が倒産するとその分の売上を失うことになるので、年商（年間売上高）を聞いたところ「460万円」とのことでした。

これを聞いた私は「おかしいよ。債権残高か年商かのどちらかが間違っている。すぐに調べなおして。」と指示しました。

出版の世界では、納品後半年先にならないと代金を回収できないルールがあります。したがって年商の半分の債権があるならわかるのですが、年商と同額くらいの債権が残っているのは説明がつきません。

債権の内容を調べたところ、確かに430万円あるのですが、このうち220万円ほどは5年前からの債権であり、当社の請求漏れにより入金されていないものであったことが判明しました。

ただちに請求書を出して入金してもらうよう指示したところ、営業担当は「社長、時効という問題もありますし……。」などと言い出す始末。「何言ってんだ。時効なんていうものは債務者が主張するもんや。債権者が"時効です"って言ってどうするんだ！」などというコントみたいな会話を経て、その債権は約2ヵ月で回収し、以後、債権を減らすように調整して、結局、7か月後にT社が倒産したときには債権額を20数万円にまで減らすことができていました。

このときに使った知識は、財務分析の「売上（受取）債権回転率」です。

売上債権回転率＝売上高／売上債権（回）

常に債権の発生（納品＝売上）後、半年で回収されるなら、年商の半分の債権が残っていて、売上債権回転率は２回になるはずです。

　しかし、最初の報告では、460万円／430万円で1.1回にもなりません。

　これはありえないことだったので、瞬時に「おかしいよ」と指摘できたのです。

　このように財務分析の知識は、ビジネス上、とっても大切な「問題発見能力」に直結しているのです。

　しかし、問題を発見するだけでは解決になりません。

　そこで必要になるのが、「債権額をコントロールするには、売上をコントロールすればいい」とか「これくらいの貸し倒れなら引当金の範囲で済む」などといった簿記会計で学ぶ知識であり、これが「問題解決能力」に繋がっています。

　本書を手に取った皆さんは、すでに問題解決能力にあたる簿記会計を学んでいます。しかし、それは、問題発見能力あってこそ発揮できる能力です。

　つまり、ビジネス社会においては、**簿記と財務分析は車の両輪**なのです。この二つの知識を手に入れれば、あなたは数字の世界では"**何でもできるスーパーマン**"になることも夢ではありません。

　さあ、財務分析の知識を身に付け、数字を読み、未来を読むという力を手に入れていきましょう。

　自らの将来と、周りの人の幸福のために。

2020年11月

ネットスクール　桑原知之

ビジネス会計検定試験３級のプロフィール

ビジネス会計検定試験３級とは

　ビジネス会計検定試験は、財務諸表に関する知識や分析力を問うもので、財務諸表が表す数値を理解し、ビジネスに役立てていくことに重きを置いている試験です。

　主催する大阪商工会議所は『あらゆるビジネスパーソンのスキルアップに役立つ内容』であるとして、財務・経理担当者のみならず、営業・企画担当者、経営者、さらには、就職活動に役立つものとして学生の方にもオススメしています。

過去の合格率

　過去５回の合格率は 60％前後となっています。

	第 26 回 2020.3.8	第 27 回 2020.10.18	第 28 回 2021.3.14	第 29 回 2021.10.17	第 30 回 2022.3.13
申込者数	6,075 人	4,606 人	5,216 人	4,920 人	4,376 人
実受験者数	2,886 人	3,937 人	4,321 人	4,160 人	3,484 人
合格者数	1,804 人	2,774 人	2,927 人	2,866 人	2,213 人
合格率	62.5%	70.5%	67.7%	68.9%	63.5%

※第 26 回試験は、札幌会場は新型コロナウイルス感染症の影響により中止。申込者数は、中止した札幌会場の 189 人を含みます。

受験資格・試験日など

・年齢、性別、学歴、国籍など、一切制限はありません。

・年間２回実施されます。※１級は年１回実施。

・試験時間は２時間（13:30 ～）。

・問題形式はマークシート方式です。100 点満点中 70 点以上で合格です。

　詳しくは、ビジネス会計検定試験のホームページをご確認ください。

　【ＵＲＬ　https://www.b-accounting.jp 】

出題範囲

　基本財務諸表としての貸借対照表、損益計算書、およびキャッシュ・フロー計算書（いずれも個別）に記載されている項目と計算構造について学習します。その上で、企業が成長しているのか、債務等の支払い能力はどうか、もうける力はあるか、株価は利益に対して高いか低いか等、財務諸表分析の基本を学びます。

到達目標	会計の用語、財務諸表の構造・読み方・分析等、財務諸表を理解するための基礎的な力を身につける。
出題範囲	1．財務諸表の構造や読み方に関する基礎知識 　（1）財務諸表とは 　（2）貸借対照表、損益計算書、キャッシュ・フロー計算書の構造と読み方 2．財務諸表の基本的な分析 　（1）基本分析 　（2）成長率および伸び率の分析 　（3）安全性の分析 　（4）キャッシュ・フロー情報の利用 　（5）収益性の分析 　（6）1株当たり分析 　（7）1人当たり分析

ケアレスミス対策 ～実力を得点に～

本書の作成にあたり、私がケアレスミスをした問題を紹介しましょう。
（この問題は例題です。）

【問〇】 次の項目のうち、財務活動によるキャッシュ・フローにおける
支出に該当するものの個数を選びなさい。

ソフトウェアの購入　　　配当金の支払　　　貸付金の回収
株式の発行　　　社債の償還

① 1つ　② 2つ　③ 3つ　④ 4つ　⑤ 5つ

キャッシュ・フロー計算書については後ほど学習しますが、今、この本を
手に取ったばかりの状態ではわからないと思いますので、簡単に解説します
と、問題の資料は次のように分類されます。

【問〇】 ②

ソフトウェアの購入→（投資活動によるキャッシュ・フロー）→支出

配当金の支払　　→（財務活動によるキャッシュ・フロー）→支出

貸付金の回収　　→（投資活動によるキャッシュ・フロー）→収入

株式の発行　　　→（財務活動によるキャッシュ・フロー）→収入

社債の償還　　　→（財務活動によるキャッシュ・フロー）→支出

この問題で私は、財務活動におけるキャッシュ・フローに該当する項目を
数えて、「③ 3つ」と解答してしまいました。
これは、問題文の「**支出**」というところを見落としていたためで、この問
題の正解は「② 2つ」でした。

このようなケアレスミスを防ぐためには、『問題文を正確に最後まで読む』ことが非常に重要です。そのための具体的対策として**重要な部分に〇を付ける**ことをおすすめします。

【問〇】　次の項目のうち、(財務活動)によるキャッシュ・フローにおける(支出)に該当するものの個数を選びなさい。

　このようにすれば、問題文の読み違えによるケアレスミスを格段に減らしていくことができます。

夢に日付を

本書を手に取った人に共通していることは『向上心がある』ということではないでしょうか。

そんなみなさんの将来の夢を具体的な目標にして、その実現までのプロセスを示しておきましょう。

夢や目標に日付を入れることで、逆算して「いま何をすべきか」が明確になります。

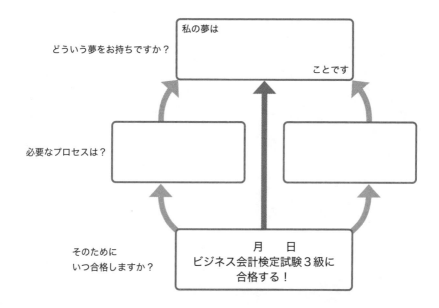

どういう夢をお持ちですか？

私の夢は

ことです

必要なプロセスは？

そのために
いつ合格しますか？

月　　日
ビジネス会計検定試験3級に
合格する！

向上心はすべての『成長』の糧あり、成長はその人の『生きている証』でもあります。「生きている」という事実に恥ずかしくないだけの努力をしていきましょう。

問題がわからないときの対策

『この問題がどうしてもわからない！』となったとき、焦りは禁物です。他の問題でのケアレスミスを誘発します。

そこで、問題がわからないときの動き方を決めておきましょう。

1. 選択肢を絞る（できれば２択まで絞りましょう）
2. とりあえず、そのどちらかを解答用紙に書く←時間切れ対策
3. その問題の問題番号のそばに「③ or ④」といった形でメモを残しておきます。

ここまでやっておいて、他の問題を解き進め、最後に時間が残れば振り返りますが、確率論的に避けた方がいい選択肢を考えましょう。

◎同じ選択肢が３回以上続くことは稀（まれ）

　　⇒毎回の試験で１か所、多くても２か所です。

◎選択した肢が偏っていれば、それを避ける

　　⇒１回の試験全体で、１つの選択肢は、多くても１７回、少なければ６回（⑤を除く）です。

それでも『どちらにしていいのかわからない！』というのであれば、最初に『これかな』と思った直感を信じましょう。後からいろいろと考えたものより、正解している確率が高いそうです。

脳の仕組みと学習方法 ～脳科学の成果より～

考えるのも脳なら、記憶するのも理解するのも、また脳の働きです。

近年の研究の成果で、脳の仕組みが明らかになってきました。

脳の特徴を知って学習に役立てましょう。

脳の特徴１：丸暗記できるのは中学生ぐらいまで

高校生ぐらいになると、脳は「理解しないと記憶しづらい」理解型に変わっていきます。

大人が学習するには、何よりも理解が大切です。

財務諸表の区分や、分析に用いる比率も「なぜ、そうなるのか」を意識して学習するようにしましょう。

脳の特徴２：使うから記憶する

脳は、頻繁に使う知識を重要な知識だと認識し、記憶に留めようとします。

つまり、問題を解くことで記憶に残るのです。

本書は、節ごとに基本問題を入れて知識の確認を通じて記憶していただけるように制作しています。

脳の特徴３：寝ている間に整理する⇒寝る前には定義とその意味を

脳は寝ている間に、今日起きたことの意味や内容を整理してくれるそうです。

ですから、寝る前の学習は学んだ内容を整理してくれるだけでなく、翌日の学習も始めやすくなるので効果的です。

脳の特徴４：緊張感があると頭に入りやすい⇒朝は計算を

「時間が制限されている」といった緊張感があると集中して頭に入りやすくなります。

朝の出勤前の時間や、昼休みの時間を活用して効果的に学習しましょう。

脳の特徴5：描いた姿が実現されてゆく

　合格した後の成功した自分の姿を描くと、それが実現する方向へ向かっていくそうです。

　勉強につまずいてしまったら、勉強を始めたときの自分を思い返してみましょう。

　また、これは私の経験からですが、「忘れることを恐れると頭に入ってこなくなる」ように思います。人は忘れる生き物です。

　「忘れることを恐れない」ことも重要だと思います。

本書の特長

内容理解はこの1冊でOK！

　図表やイラストをふんだんに使って読みやすく、また、『Point』や『超重要』などで、学習の要点が一目でわかるようにしました。

　また、テキストの内容を解説した動画も配信しています。

　詳細はContents（目次）の最終ページ（xviiiページ）の案内もご覧下さい。

キャラクターが補足説明します。

まとめです。復習の際に便利です。

12 第3章　売買目的有価証券

短期的に売買して儲けを得る目的の有価証券

売買目的有価証券とは？

　短期的に売買して、儲けを得る目的で保有する有価証券を売買目的有価証券（ばいばいもくてきゆうかしょうけん）といいます。売買目的有価証券は、売買を前提とするので、時価があります。

時価がないと、売ろうと思っても売れないですもんね。

Point ▶ 売買目的有価証券
短期的に売買して儲けを得る目的で保有する有価証券⇒流動資産

売買目的有価証券の仕訳

　売買目的有価証券の仕訳は、①購入したとき、②配当金や利息を受け取ったとき、③売却したとき、④決算のときがあります。

　売買目的で有価証券を購入したときは、売買目的有価証券（資産）で処理します。

★カバー裏もチェック！★

　本書のカバー裏には、試験対策に便利な財務分析の計算式一覧と、第5章の例題で使用している資料（財務諸表）を掲載しています。取り外して机の前に貼るなど、学習にお役立てください。

　※必要に応じてコピーなどをされることをお勧めします。

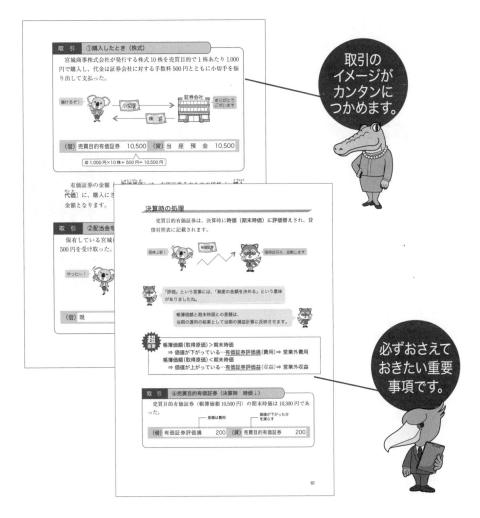

理解のためのツーステップ式！

「初回のアウトプットはインプットの内」と言われています。

つまり、学習は、「アウトプット（基本問題を解くこと）をしないとインプット（知識習得）は完了しない」ということを意味しています。そこで、基本知識を学んだらすぐに基本問題を解けるようにしました。

$$\boxed{\text{テキスト}} \quad + \quad \boxed{\text{基本問題}}$$

基本問題は、本試験でも出題される文章の正誤問題が中心ですが、問題を解いたら必ず解説をお読み下さい。解説には、これから学習する関連事項や、テキストの補足となる説明も入れました。

⓬ 基本問題　売買目的有価証券　　　解答…P.279

次の文章について、正誤（○×）を答えなさい。

(1) 時価の変動により利益を得ることを目的として保有する有価証券は、投資その他の資産に記載される。

(2) 投資その他の資産に記載される投資有価証券には、売買目的有価証券も含まれる。

(3) 売買目的の有価証券を売却して得た利益は、経常利益を増加させる。

(4) 売買目的の有価証券の時価が帳簿価額より下落すると、経常利益を増加させる。

(5) 売買目的有価証券は、貸借対照表には有価証券として帳簿価額で表示する。

内容についての確認問題です。理解度をチェック。

厳選過去問を使って実力を把握！

基本問題でテキストで学んだ知識を確認し、一通り学習が終わったら、巻末に収載した過去問題に挑戦してみましょう。

分析指標の公式などは、問題資料の財務諸表から必要な数値を探し、実際に使ってみることで知識の中に定着していきます。

contents

第3章　さまざまな取引

第3章
解説動画

第4章　キャッシュ・フロー計算書

第4章
解説動画

第5章　財務分析

第5章
解説動画

厳選過去問

解答解説

ワンポイント講義のご案内

本書の著者であり、ネットスクール WEB 講座で多くの合格者を送り出した桑原知之先生が、初めてビジネス会計（財務分析）を学ぶ方に向けて解説した全章分のワンポイント講義を、読者特典として無料配信いたします。

「財務分析は比率を覚えるのが大変！」
という声はよく聞きます。
しかし、" ○○比率は○○が分子になる " といった法則性をわかっておけば、いきなりカンタンになります。
このワンポイント講義、ぜひお聴きください。

著者・解説動画担当講師
桑原知之

解説動画の視聴はこちらから

http://www.ns-2.jp/bijikai/3q2/

QR コードを読み込める
端末の方はこちら▶

（注意事項）
・動画の視聴に必要な端末およびインターネット環境は、読者の皆様各自でご用意ください。
・動画の視聴自体は無料ですが、視聴に伴い発生する通信料等はお客様のご負担となります。動画の視聴は通信データ量が多くなる傾向がございますので、ご注意ください。
・配信する動画の内容などについては、事情により予告なく変更または配信の停止を行う場合もございます。

第1章

第1章の解説動画は
こちら

貸借対照表

　貸借対照表は、**左側に資産**、**右上に負債**、そして**右下には資本**が記載され
ています。

　この右下の資本の額は、簿記では「元手」と説明しますが、その時点での
会社の体力を表す「**体力ゲージ**」みたいなものです。

この本では、日商簿記3級を学習した方に合わせ、
まずは資産と負債の差額を「資本」としています。

　頑張って利益を上げることで、企業の体力は増えますし、損失を計上すれ
ば体力は減少します。さらに、持っている資産の価値が上昇しても体力は増
えますし、負債が増えれば体力は減少します。

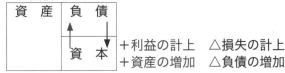

　貸借対照表は、その会社の**財政状態**（資産や負債の状態）を示しています
が、特に**資本は、その会社の体力**を示しており、体力のある会社は、多少の
損失の計上などでは倒産しないので「**安全性が高い**」といいます。

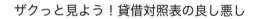

第1章

良い貸借対照表・悪い貸借対照表

どっちの貸借対照表が良い？

みなさんは、どちらの貸借対照表が良い貸借対照表だと思いますか？

A社 貸借対照表		
資　産	負　債	
1,000	450	
	資　本	
	550	

B社 貸借対照表		
資　産	負　債	
1,000	400	
	資　本	
	600	

右側のB社の貸借対照表の方が良い貸借対照表ですよね。

大雑把に言えば、資産は「売却すれば現金化できるもの」、負債は「いつ、誰に、いくら支払うかが決まっているもの（債務）」、そして差額の資本は「会社が自由に使える元手」です。

だとすると、自由に使える元手、つまり会社としての体力が大きいB社の方が良い会社ということになります。

「良い会社＝安全性が高い会社」としています。

2

2 第1章

右から入った資金が、左へ抜けていく

貸借対照表が表しているもの

貸方側（右側）が調達源泉

　貸借対照表を「お金」が右から左へ流れた痕跡だと捉えてみてください。右側、つまり負債と資本の側からお金が入ってきて、左側、つまり資産の側に抜けていった、そのように考えてみてください。

　では、いま会社に、現金という資産が 1,000 万円あるとしましょう。

　この 1,000 万円が「どのようにして会社に入ってきたのか」、つまりその出所を表すのが貸方（右側）なのです。

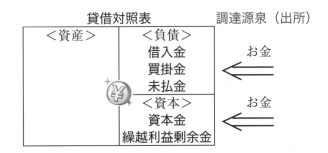

　例えば「銀行から 1,000 万円借りたから 1,000 万円ある」というなら借入金 1,000 万円、「商品を買ったけど、まだお金を支払ってないから 1,000 万円ある」なら買掛金 1,000 万円、「備品を買ったけど、お金を払ってないから」なら未払金 1,000 万円。

　さらに、「株主からもらったから 1,000 万円ある」というなら資本金 1,000 万円、「自分で稼いだ 1,000 万円だ」というなら繰越利益剰余金 1,000 万円といった具合です。

　そして、この資金の出所のことを、会計学的には資金の「調達源泉」と言います。

3

次に、貸借対照表の左側をみていきましょう。

左側は、決算日現在、その 1,000 万円が「どんな姿になっているのか」つまり、資金の使い途を表します。

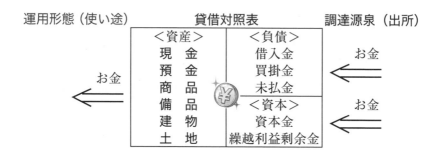

運用形態（使い途）　　貸借対照表　　調達源泉（出所）

例えば、「1,000 万円で商品を購入した」というなら商品 1,000 万円ですし、「1,000 万円で備品を買った」なら備品 1,000 万円、「建物を買った」なら建物 1,000 万円、「土地を買った」なら土地 1,000 万円です。また、「銀行に預けてある」なら預金 1,000 万円ですし、「金庫で眠っている」なら現金 1,000 万円です。

そして、この資金の使い途のことを、会計学的には資金の「運用形態」と言います。

このようにみていくと、貸借対照表は「右から入ってきたお金が左へ流れていった痕跡」とみることができるのです。

他人資本・自己資本

　左側は資産１つだけですが、右側は負債と資本の２つに分かれています。このとき、負債のことを「他人資本」といい、資本のことを「自己資本」と言います。

　この「資本」という言葉を、「お金」に置き換えてみましょう。他人資本は「他人のお金」、つまり「返さなければならない負債」、自己資本は「自分のお金」、つまり「返さなくてもよい元手」ということになります。

運用形態	貸借対照表		調達源泉
		負　債 450	←他人資本（要 返 済）
資　産 1,000			＋
		資　本 550	←自己資本（返済不要）
			総 資 本（＝資　産）

　さらに、他人資本と自己資本の合計を総資本といい、この金額は結局、資産の金額に一致します。

「資本」を「お金」と置き換えれば
意味はバッチリ！

(1)次の文章について、正誤（○×）を答えなさい。

　勘定式の貸借対照表では、左側に資金の調達源泉が、右側にその資金の運用形態が示されている。

(2)次の空欄（ア）〜（オ）に当てはまる言葉を、語群より選んで答えなさい。

> 語群：運用形態、資本、資産、調達源泉、負債

　貸借対照表の右側には上に（ア）、下には（イ）（純資産）が記載され、これらは資金の出所、すなわち（ウ）を表している。

　また、貸借対照表の左側は（エ）が記載され、資金がどのように使われたか、すなわち（オ）を表している。

答案用紙

日付	／	／	／
✓			

(1) ☐

(2)

（ア）		（イ）	

（ウ）		（エ）	

（オ）	

貸借対照表の構造

第1章

3

貸借対照表の構造

　貸借対照表は、その企業の一定時点（通常は決算日）の財産（正の資産＝資産、負の資産＝負債、差額による資本＝純資産）の状態、つまり財政状態を表す決算書（財務諸表）であり、資産の部、負債の部、純資産の部の3つに分かれています。

　ここまで日商簿記3級の学習内容を受けて「資本」と表現していた区分は、本来は貸借対照表上で「純資産」といいます。今後はこの名称を用いて説明していきます。

「資産－負債＝純資産」つまり資産と負債の差額を純資産といいます。純資産の区分については、第3章㉔～㉙で学習します。

資産・負債の分類の必要性

　商品の購入代金や給料などの費用は、現金や預金でなら支払うことができますが、同じ資産であっても土地や建物では支払えません。そこで、短期的に現金化できる「流動資産」と、そうでない「固定資産」とに分ける必要性が生じてきます。

給料として土地をドーンともらっても、日々の食費に充てることもできないので飢えてしまいそうですよね。

さらに資産には「繰延資産」という、換金すること自体できない資産も計上することが認められており、これも区分して表示しておく必要があります。

繰延資産は、第3章㉑で学習します。

資産の部はさらに流動資産、固定資産、繰延資産に分けられます。

負債の部はさらに流動負債と固定負債に分けられます。

貸借対照表

資産の部			負債の部		
Ⅰ. 流 動 資 産			Ⅰ. 流 動 負 債		
現 金 預 金		××	支 払 手 形		××
受 取 手 形	××		買 掛 金		××
貸 倒 引 当 金	××	××	Ⅱ. 固 定 負 債		
有 価 証 券		××	長 期 借 入 金		××
商 品		××	退 職 給 付 引 当 金		××
Ⅱ. 固 定 資 産			純資産の部		
1. 有形固定資産			Ⅰ. 株 主 資 本		
備 品	××		1. 資 本 金		××
減価償却累計額	××	××	2. 資 本 剰 余 金		××
2. 無形固定資産			3. 利 益 剰 余 金		××
の れ ん		××	4. 自 己 株 式		△××
3. 投資その他の資産			Ⅱ. 評価・換算差額等		
投 資 有 価 証 券		××	1. その他有価証券評価差額金		××
Ⅲ. 繰 延 資 産			Ⅲ. 新 株 予 約 権		××
創 立 費		××			
資産合計		××	負債・純資産合計		××

純資産の部は株主資本、評価・換算差額等と新株予約権の3つに分けられます。

その他有価証券（評価差額金）は、第3章⑮で、また新株予約権は、第3章㉙で学習します。

8

流動と固定の分類方法

　資産は、流動資産と固定資産に分類され、負債もまた流動負債と固定負債に分類されます。この分類は、資産も負債も同じ考え方に基づくもので、正常営業循環基準と1年基準（ワンイヤー・ルール）という2本のナイフを用いて行います。

資産には、繰延資産もありますが、ここでは無視します。

(1)正常営業循環基準←1本目のナイフ

　商品売買業を営む企業は、一般的に、仕入先から商品を仕入れ、倉庫に保管し、得意先に売り上げます。そして、売掛金などの売上債権を回収し、買掛金などの仕入債務を支払います。

　正常営業循環基準とは、この正常な一連の営業サイクル内にある資産・負債を流動項目とする分類基準をいいます。

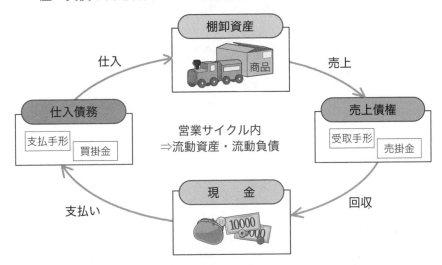

Point

正常営業循環基準
正常な一連の営業サイクル内にある資産・負債を流動項目とする
分類基準

⑵ 1年基準（ワンイヤー・ルール）←2本目のナイフ

　1年基準とは、決算日の翌日から1年以内に現金化する資産・負債を流動項目とし、1年を超えて現金化する資産・負債を固定項目とする分類基準をいいます。

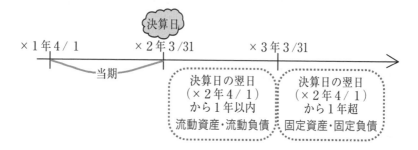

×2年3月31日の決算では、返済期限が×3年3月31日までの借入金なら流動負債に、×3年4月1日以降の借入金なら固定負債に分類されます。

Point ▶

1年基準（ワンイヤー・ルール）

決算日の翌日から起算して1年以内に現金化する資産・負債を流動項目とし、1年を超えて現金化する資産・負債を固定項目とする分類基準

⑶貸借対照表の流動と固定の分類

　貸借対照表の流動と固定の分類は、まず１本目のナイフである正常営業循環基準を用いて、**営業循環内の項目を流動資産（流動負債）**とします。

　次に、営業循環外の項目に対しては２本目のナイフである１年基準を適用します。１年基準では、**１年以内に現金化するもの**（現金で支払わなければならないもの）をすくい上げて流動資産（流動負債）とし、それ以外のものを固定資産（固定負債）とします。

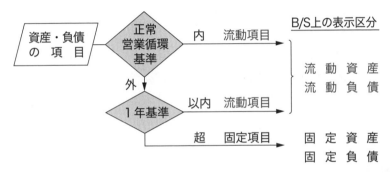

会計上、１年以内のものを「短期」、１年を超えるものを「長期」といいます。

次の文章について、正誤（○×）を答えなさい。

(1) 貸借対照表は、一会計期間の企業の財政状態を示している。

(2) 貸借対照表は、ある一定期間における企業の経営成績を表示したものである。

(3) 正常営業循環基準で流動負債に分類されなかった負債は、すべて固定負債に分類される。

(4) 正常営業循環基準で流動資産に分類されなかった資産は、固定資産に分類される。

(5) 貸借対照表において、繰延資産は、投資その他の資産に記載される。

(6) 未払法人税等は、固定負債に含まれる。

(7) 新株予約権は、貸借対照表において純資産の部に記載される。

(8) 新株予約権は、株主資本の区分に表示される。

答案用紙

日付	／	／	／
✓			

(1) ☐ (2) ☐ (3) ☐ (4) ☐ (5) ☐ (6) ☐ (7) ☐ (8) ☐

4 第1章 資産の分類

どっちの貸借対照表が良い？

みなさんは、どちらの貸借対照表が良い貸借対照表だと思いますか？

流動資産は短期的（1年以内）に現金化する資産、流動負債は短期的に支払わなければならない負債、固定資産は長期的にしか現金化しない資産、固定負債は1年を超えてから支払えばよい負債、そして純資産は返済しなくてもよいもの、として考えてみてください。

A社　　貸借対照表

流動資産 200	流動負債 300
固定資産 800	固定負債 150
	純資産 550

B社　　貸借対照表

流動資産 550	流動負債 300
	固定負債 100
固定資産 450	純資産 600

第1章 ① でみた貸借対照表と資産、負債、純資産の総額は変わらないのですが、B社の貸借対照表は「楽している貸借対照表」、A社の貸借対照表は「苦しんでいる貸借対照表」になります。

楽の種：固定資産＜純資産

B社の貸借対照表をみてください。

B社では、長期的に現金化しない固定資産の額450を、返済義務のない純資産の額600でまかない切っています。

この状態なら、固定資産が長期間、現金化しなくても、その調達源泉が返済義務のない純資産ですから、特に問題はないことを示しています。

つまり、この差額150が会社にとって楽の種と言えるでしょう。

苦の種：流動資産＜流動負債

次に、A社の貸借対照表をみてください。

A社では、1年以内に支払わなければならない流動負債の金額300が1年以内に現金化する流動資産の金額200を超えています。

これは、単純に1年で考えると、流動資産で流動負債を支払い切ることができず、「固定資産の一部を売却するなどして現金化して支払わなければならない」ということを表しています。

つまり、この差額100が、会社にとって苦の種なのです。

実は、「流動資産＜流動負債」となっているからといって、必ずしも会社が厳しい状態にあるというわけではありません。というのは、流動資産の中にある商品などは原価で計上されており、販売により売価で現金化されるため、流動資産が膨らみ、それによって流動負債の支払いが可能になるためです。

流動資産の分類

流動資産は、さらに細かく「当座資産」「棚卸資産」「その他の流動資産」に分けることができます。

当座資産：

現金預金、売掛金、電子記録債権、受取手形、（売買目的）有価証券といった、すぐに現金化して支払いに充てることができる（支払い手段としての確実性が高い）資産をいいます。

当座資産はビジネス会計検定試験3級においては、簡便に「流動資産－棚卸資産」として計算します。

Point ▶ 　当 座 資 産 ＝ 流 動 資 産 － 棚 卸 資 産

厳密にいうと、その他の流動資産の前払費用や未収収益などは当座資産には含まれませんが、ビジネス会計検定試験3級では当座資産をこの計算式で求めています。

棚卸資産：

　商品、製品といった販売目的のものや、原材料、仕掛品といった製造に関わるもの、さらに貯蔵品など、「決算に際して棚卸を要するもの」をいいます。

仕掛品とは、製造途中のものを指す科目です。

その他の流動資産：

　前払費用や未収収益が該当します。

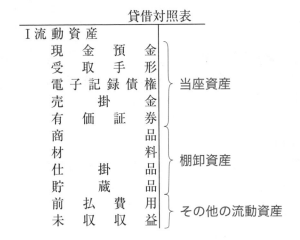

貸借対照表

I 流 動 資 産
　　現 　金 　預 　金　　┓
　　受 　取 　手 　形　　┃
　　電 子 記 録 債 権　　┣ 当座資産
　　売 　　 掛 　　 金　　┃
　　有 　価 　証 　券　　┛
　　商 　　　　　　 品　　┓
　　材 　　　　　　 料　　┃
　　仕 　　 掛 　　 品　　┣ 棚卸資産
　　貯 　　 蔵 　　 品　　┛
　　前 　払 　費 　用　　┓
　　未 　収 　収 　益　　┣ その他の流動資産

流動資産は上から順に、「現金・受取・電、掛・有（キ）、商・材・仕掛（テ、カネ）貯（メロ）」という覚え方があります。

固定資産の区分

固定資産は「有形固定資産」「無形固定資産」「投資その他の資産」に区分されます。

固定資産は流動資産のような分類ではなく、貸借対照表上の区分として表示されます。
ちなみに、固定負債にはこのような区分はありません。

有形固定資産：

備品（工具器具備品）、機械装置、車両運搬具、構築物、建物、土地、建設仮勘定といった、具体的な形があり、1年を超えて使用することを予定している資産。

建設仮勘定は、建設中の建物のイメージです（第3章⑰で学習します）。
ちなみに、1年以内に使用を終えるものは消耗品（通常は消耗品費勘定で処理）となります。

無形固定資産：

「特許権」、「商標権」といった法律上の権利や、経済的な価値を表す「のれん」、さらにコンピューターを動かす「ソフトウェア」が該当します。

投資その他の資産：

支配目的で保有する「子会社株式」や、投資目的で保有する「投資有価証券」、「長期貸付金」「長期前払費用」といったものが該当します。

貸借対照表

```
Ⅱ  固 定 資 産
 1 有 形 固 定 資 産
   建           物
   備           品
   土           地
 2 無 形 固 定 資 産
   特     許     権
   商     標     権
   の     れ     ん
   ソ フ ト ウ ェ ア
 3 投 資 そ の 他 の 資 産
   子 会 社 株 式
   投 資 有 価 証 券
   長 期 貸 付 金
   長 期 前 払 費 用
```

④ 基本問題　資産の分類

解答…P.273

次の文章について、正誤（○×）を答えなさい。

(1)　商品は、販売する目的で保有している財貨である。

(2)　完成した製品は棚卸資産に含まれるが、製造途上の仕掛品は含まれない。

(3)　建設仮勘定は有形固定資産に該当する。

(4)　長期前払費用は、投資その他の資産に含まれる。

(5)　貸付金のうち、決算日の翌日から起算して1年を超えて期限が到来するものは、投資その他の資産に記載される。

答案用紙

日付	／	／	／
✓			

(1) ☐　(2) ☐　(3) ☐　(4) ☐　(5) ☐

貸借対照表のルール

貸借対照表の様式

貸借対照表は様式書類であり、左肩に会社名、中央に日付（決算日）、右肩に金額の単位を示すことがルールになっています。

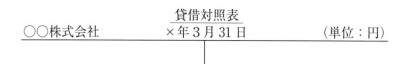

貸借対照表

○○株式会社　　　　　　×年3月31日　　　　　　　　（単位：円）

また、貸借対照表の様式には、勘定式と報告式があります。

みなさんが、これまで見てきたのは勘定式の貸借対照表です。

勘定式貸借対照表

勘定式の貸借対照表は、左側に資産、右上に負債、右下に純資産をTフォーム形式で表示するもので、決算日の財政状態を概観しやすい形になっています。

<＜勘定式＞>

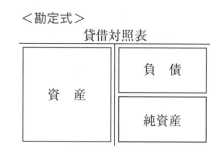

貸借対照表

資　産　／　負　債　／　純資産

報告式貸借対照表

　報告式の貸借対照表は、上から順に資産、負債、純資産と表示していくもので、前期などとの比較が行いやすい形式になっており、有価証券報告書でも採用されています。

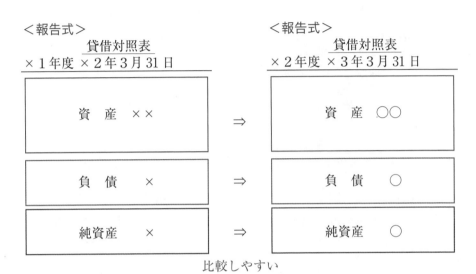

<＜報告式＞

貸借対照表
×１年度　×２年３月31日

資　産　××

負　債　×

純資産　×

⇒

⇒

⇒

＜報告式＞

貸借対照表
×２年度　×３年３月31日

資　産　○○

負　債　○

純資産　○

比較しやすい

有価証券報告書とは、上場企業などが公表する自社の状況を表すもので、損益計算書や貸借対照表が含まれています。

貸借対照表の配列

貸借対照表の配列方法は、「流動⇒固定」の順に配列する「流動性配列法」が一般的ですが、電力会社やガス会社など設備産業といわれる業界では固定資産の重要性が高いことから、「固定⇒流動」の順に配列する「固定性配列法」が採用されています。

Point ▶

貸借対照表の配列
原則…流動性配列法
例外…固定性配列法

流動性配列法と固定性配列法

＜流動性配列法＞

流動資産	流動負債
	固定負債
固定資産	純資産

＜固定性配列法＞

固定資産	固定負債
	流動負債
流動資産	純資産

資産の区分に繰延資産があった場合は、いずれの配列法でも資産の部の一番下に記載されます。

総額主義の原則

総額主義の原則とは、**資産、負債、純資産は総額で記載する**ことを原則とし、資産の項目と負債や純資産の項目を相殺することによって、全部または一部を貸借対照表から除いてはならないという原則をいいます。

金額が相殺されてしまうと、企業の規模や取引の規模がわかりにくくなるため、相殺は原則的に禁止されています。

取得原価主義

　取得原価主義とは、資産を取得時の支出額にもとづいて評価する考え方をいいます。

　貸借対照表に記載する資産の価額は、原則として、その資産の取得原価をもとに計上しなければなりません*。

　＊有価証券など時価が把握できるものは、利害関係者への情報提供のため時価で評価します。

「主義」という言葉は「考え方」と置き換えるといいでしょう。

「評価」という言葉は会計用語で「資産の金額を決める」という意味があります。

重要性の原則

　重要性の原則は、利害関係者に有用な情報を提供するという目的から重要性の高いものは厳密な会計処理、明瞭な表示によることを要請するとともに、重要性の乏しいものは簡便な会計処理や表示を認めるという原則です。

　重要性が高い例：
　　会社の役員等に対する債権や債務は、特別の科目（役員貸付金など）を設けて表示する。
　重要性が低い例：
　　消耗品の購入額をそのまま消耗品費として処理し、決算でも資産科目の消耗品に振り替えないことが認められている。

この重要性の原則は、貸借対照表だけではなく損益計算書の作成にも考慮されます。

解答…P.273

次の文章について、正誤（○×）を答えなさい。

(1) 貸借対照表の様式には、勘定式と報告式の2つの種類がある。

(2) 貸借対照表の項目を流動性の低いものから順に配列する方法を、流動性配列法という。

(3) 貸借対照表において、資産、負債および純資産は、原則として総額で表示される。

(4) 貸借対照表において、貸付金と借入金を相殺して表示することは認められていない。

(5) 貸借対照表において、その項目の性質や金額について重要性が乏しい場合は、簡潔に示すことが認められている。

答案用紙

日付	／	／	／
✓			

(1) ☐ (2) ☐ (3) ☐ (4) ☐ (5) ☐

6 第1章

貸借対照表の財務分析

○○（比）率のルール

　これより、貸借対照表から、その企業の情報を読み取るための様々な分析指標を見ていきます。分析指標の名前としてよく見られる○○（比）率は、○○が分子となり、それが全体としているものが分母となります。

　ただし、○○の後に「資産」が隠れていることがあるので注意しましょう。

> 資産以外のものが隠れていることはありませんので、補って読むのは必ず資産となります。

超重要

$$○○率 = \frac{○○}{○○が全体としているもの}$$

$$流動比率 \Rightarrow 流動（資産）比率（\%） = \frac{流動資産}{流動負債} \times 100（\%）$$

$$当座比率 \Rightarrow 当座（資産）比率（\%） = \frac{当座資産}{流動負債} \times 100（\%）$$

※当座資産＝流動資産－棚卸資産
※流動比率、当座比率は、流動負債に対する支払い能力を見るための指標なので「全体としているもの」は流動負債になります。

$$自己資本比率（\%） = \frac{自己資本}{総資本} \times 100（\%）$$

> 出席率は出席者数が分子、合格率は合格者数が分子で、
> それぞれエントリーした人数が「全体とするもの」で分母、
> というだけの話です。

安全性分析

　企業の倒産は、仕入債務などの支払いができなくなることで起こります。

　安全性の分析では、短期的には企業の支払能力が十分にあるかどうかを、また、長期的には企業が借金体質に陥っていないか（長期的な支払能力）を見ることになります。

短期的な支払能力の分析

　流動比率や当座比率を用いて「流動負債を滞りなく返済することができるのか」という視点でみていきます。

①流動比率

　流動負債に対する流動資産の割合を示し、１年以内に支払わなければならない流動負債に対し、１年以内に現金となる流動資産がどれくらいあるかを示します。

$\smile$：良い状態　　$\frown$：悪い状態

$$\text{流動比率（％）}=\frac{\text{流 動 資 産}}{\text{流 動 負 債}}\times 100\text{（％）}\begin{cases}\text{高い} \smile\\\text{低い} \frown\end{cases}$$

　流動資産を半額で売っても流動負債が完済できることから、流動比率は２００％以上であることが望ましいとされてきました。

②当座比率

　流動資産の中には、すぐに現金化できるとは限らない資産（棚卸資産など）が含まれています。そのため流動資産のうち換金性の高い当座資産をもとに短期的な支払能力を分析します。

$$当座比率（\%）＝ \frac{当座資産}{流動負債} ×100（\%）\begin{cases} 高い ☺ \\ 低い ☹ \end{cases}$$

当座比率は、現在の流動負債を現在の当座資産で完済できることを意味する100％以上であることが望ましいとされています。

例　題	①短期的な支払能力の分析

　下記の資料により、流動比率と当座比率を求めなさい（％の小数点以下第2位を四捨五入）。なお、A社B社の流動資産に含まれる当座資産は、それぞれ120、360であった。

A社　　貸借対照表

流動資産 200	流動負債 300
	固定負債 150
固定資産 800	純資産 550

B社　　貸借対照表

	流動負債 300
流動資産 550	固定負債 100
固定資産 450	純資産 600

＜A社の流動比率＞　　　　　　＜B社の流動比率＞

$$\frac{200}{300} × 100 = 66.7（\%）\qquad \frac{550}{300} × 100 = 183.3（\%）$$

＜A社の当座比率＞　　　　　　＜B社の当座比率＞

$$\frac{120}{300} × 100 = 40.0（\%）\qquad \frac{360}{300} × 100 = 120.0（\%）$$

流動比率や当座比率は「高ければ高いほど良い」というものではありません。高すぎるということは、その企業の経営者が「資金をうまく活用して利益を上げることができていない」という側面もあるのです。

企業体質（長期的な支払能力）の分析

次に、自己資本比率を用いて企業の体質をみていきます。

①自己資本比率

　自己資本比率は、総資本（＝資産）に対する自己資本の割合を示します。自己資本は主に株主からの出資であり返済する必要はないため、自己資本比率が高ければ安全性も高くなります。

$$自己資本比率（\%）＝\frac{自己資本}{総資本}×100（\%）\begin{cases}高い & ☺ \\ 低い & ☹\end{cases}$$

例　題　　②企業体質（長期的な支払能力）の分析

　下記の資料により、自己資本比率を求めなさい（％の小数点以下第2位を四捨五入）。なお、純資産を自己資本とみなす。

A社　　貸借対照表

流動資産 200	流動負債 300
固定資産 800	固定負債 150
	純資産 550

B社　　貸借対照表

流動資産 550	流動負債 300
	固定負債 100
固定資産 450	純資産 600

＜A社の自己資本比率＞　　＜B社の自己資本比率＞

$$\frac{550}{1,000}×100＝55.0（\%）\qquad \frac{600}{1,000}×100＝60.0（\%）$$

　自己資本比率では「A社よりもB社の方が優れている」という点がわかることでしょう。

次の資料はA社の×1年度と×2年度の貸借対照表である。これらの資料より、A社の各年度における①〜③の比率を計算して求めなさい（％の小数点以下第2位を四捨五入）。なお、純資産を自己資本とみなす。

①流動比率　　　　　②当座比率　　　　　③自己資本比率

貸 借 対 照 表

A社　×1年度　　　×2年3月31日

（資産の部）		（負債の部）	
流動資産	**7,940**	**流動負債**	**4,300**
現金及び預金	2,500	仕入債務	2,000
売上債権	3,000	短期借入金	1,800
有価証券	500	その他	500
棚卸資産	1,500	**固定負債**	**1,200**
その他	440	長期借入金	1,200
固定資産	**2,050**	退職給付引当金	0
**　有形固定資産**	**1,700**	負債合計	5,500
建物	900	（純資産の部）	
備品	800	**株主資本**	**4,400**
**　無形固定資産**	**50**	資本金	3,000
商標権	50	資本剰余金	500
**　投資その他の資産**	**300**	利益剰余金	900
投資有価証券	300	自己株式	0
繰延資産	**10**	**評価換算差額等**	**100**
		純資産合計	4,500
資産合計	10,000	負債純資産合計	10,000

答案用紙

日付	/	/	/
✓			

<×1年度>

① 流動比率　[　　　　　]（％）

② 当座比率　[　　　　　]（％）

③ 自己資本比率　[　　　　　]（％）

貸借対照表

A社　×2年度　　　　　×3年3月31日

（資産の部）		（負債の部）	
流動資産	**6,964**	**流動負債**	**4,710**
現金及び預金	2,000	仕入債務	2,200
売上債権	2,800	短期借入金	1,910
有価証券	204	その他	600
棚卸資産	1,600	**固定負債**	**2,300**
その他	360	長期借入金	2,100
固定資産	**4,030**	退職給付引当金	200
有形固定資産	**3,700**	負債合計	7,010
建物	2,400	（純資産の部）	
備品	1,300	**株主資本**	**3,790**
無形固定資産	**30**	資本金	3,000
商標権	30	資本剰余金	500
投資その他の資産	**300**	利益剰余金	410
投資有価証券	300	自己株式	△　120
繰延資産	**6**	**評価換算差額等**	**200**
		純資産合計	3,990
資産合計	11,000	負債純資産合計	11,000

答案用紙

日付	／	／	／
✓			

＜×2年度＞

① 流動比率　[　　　　　] (%)

② 当座比率　[　　　　　] (%)

③ 自己資本比率　[　　　　　] (%)

第2章

第2章の解説動画は
こちら

損益計算書

　損益計算書では、最終的に当期純利益の金額が示されますが、単純にその金額が大きければ良い、というものではありません。

　売上高が大きく売上原価が小さくて、その差額を源泉として利益が出ているのであれば**「来期も良い経営状態が続くのではないか」**と期待が持てますが、利益の源泉が土地売却益といった当期だけ特別に計上されたものであれば**「来期は利益を計上するのは難しいのではないか」**と考えることもあるでしょう。

A社　損益計算書

売上原価 300	売上高 1,000
その他費用 500	
当期純利益 200	

B社　損益計算書

売上原価 300	売上高 100
その他費用 500	
当期純利益 200	土地売却益 900

来期も続きそうだわ。

来期は危ないかも…。

　つまり損益計算書では**「利益の質」**も見なければならないのです。

利益によって、意味が違うから

損益計算書の構造

損益計算書が表すもの

損益計算書は、その企業が1つの会計期間（通常は1年）で「どれだけの費用を費やし、どれだけの収益を獲得できたのか」という、一定期間の経営成績を表す決算書（財務諸表）です。

収益と費用の区分

損益計算書に記載される収益と費用は、次のように区分されます。

①収益の区分

売 上 高	販売した商品や製品の販売金額の合計
営業外収益	受取利息、受取配当金など売上以外で経常的な収益
特 別 利 益	固定資産売却益などの臨時的な収益

②費用の区分

売 上 原 価	販売した商品や製品の購入原価や製造原価の合計であり、売上に対して必須の費用
販売費及び一般管理費	売上の獲得に関連する費用であり、広告費や営業担当者の給料などの販売費、減価償却費などの会社を維持するための一般管理費の合計。販管費や営業費ともいわれる。
営業外費用	支払利息、雑損（失）など売上に関係はしないが、経常的に発生する費用
特 別 損 失	固定資産売却損、災害損失など臨時的な費用や損失
法 人 税 等	法人税、住民税、事業税といった、当期の利益に比例的に発生する税金。納付時期との関係で調整が必要な場合には「法人税等調整額」を用いて調整する。

日商簿記3級で学習した勘定式の損益計算書で表すと、このようになります。

損益計算書

売 上 原 価	450	売 上 高	1,000
販売費及び一般管理費	350		
営 業 外 費 用	150		
特 別 損 失	50	営 業 外 利 益	200
法 人 税 等	100		
当 期 純 利 益	200	特 別 利 益	100

総費用 1,100

総収益 1,300

報告式損益計算書

　報告式の損益計算書は、前述の収益と費用の区分を踏まえて、利益を段階的に5つに分けて算定し、次のページのように作成されます。

　損益計算書にも勘定式と報告式がありますが、ほとんどの場合、利益を段階的にみることができる**報告式**が用いられます。

報告式損益計算書の表示は、項目と金額が左右対象となっているので、みてみましょう。

Ⅰ．売上高	1,000	←大項目の数字が一番外側
Ⅱ．売上原価		←本来ならここに数字を書
項目も1つ内側に→ 1．期首商品棚卸高	100	きたい。しかし計算が必
2．当期商品仕入高	400	要なので、1つ内側に
計	500	
3．期末商品棚卸高	200　300	←計算結果を大項目の下
売上総利益	700	（一番外側）に記入

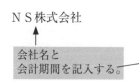

NS株式会社　　　　　　　　　　損　　　　　益

（自 X1 年 4 月 1 日

Ⅰ　　売　　上　　高

Ⅱ　　売　上　原　価

　　1　期首商品棚卸高

　　2　当期商品仕入高

　　　　合　　　計

　　3　期末商品棚卸高

　　　　売　上　総　利　益

売上原価
売上の獲得に必須となる原価。
期中に販売した商品の購入原価の合計。

Ⅲ　　販売費及び一般管理費

　　1　給　　　　料

　　2　支　払　家　賃

　　3　貸倒引当金繰入

　　4　減　価　償　却　費

　　　　営　業　利　益

販売費及び一般管理費
販売費は販売に関する費用、一般管理費は
維持費。
販売費と一般管理費は厳密に区別すること
が難しいため、一つの区分とする。
当期の売上収益を獲得するためにかかった
売上原価以外の費用であり、一般に営業費と
もいう。

Ⅳ　　営　業　外　収　益

　　1　受　取　利　息

Ⅴ　　営　業　外　費　用

　　1　支　払　利　息

　　2　手　形　売　却　損

　　　　経　常　利　益

営業外収益
売上以外の収益で、かつ経常的なもの。有
価証券利息や受取配当金などが含まれる。

営業外費用
売上にかかわらない費用で、かつ経常的な
もの。支払利息などの財務費用が主となる。

Ⅵ　　特　別　利　益

　　1　固定資産売却益

Ⅶ　　特　別　損　失

　　1　火　災　損　失

　　　　税引前当期純利益

　　　　法人税、住民税及び事業税

　　　　当　期　純　利　益

特別利益
臨時的な収益。

特別損失
臨時的な損失。

法人税、住民税及び事業税
利益の金額に課税される税金。費用の1つ
として考える。

計　　　　算　　　　書

（至 X2 年 3 月 31 日）

これらの利益の名称と
意味は重要なので覚えましょう！

（単位：円）◀── 単位を示す。

売上高
100,000　　期中に販売した商品の販売代金の合計。

10,000

70,000

80,000

20,000　　　　60,000
　　　　　　　売上総利益
40,000　　商品の販売益。粗利益（あらりえき）と呼ばれることもある。

15,000

5,000

2,000

8,000　　　　30,000
　　　　　　　営業利益
10,000　　本来の営業活動によって得た利益。

2,000

3,000

2,000　　　　5,000
　　　　　　　経常利益
7,000　　当期の経常的な活動によって得た利益。企業の正常な状態の収益力を示す。

1,000

3,000
　　　　　　　税引前当期純利益
5,000　　税金計上前の利益。

1,500
　　　　　　　当期純利益
3,500　　当期の結果的な純利益。

33

次の文章について、正誤（○×）を答えなさい。

⑴　損益計算書は、一定期間の経営成績を表すものである。

⑵　貸借対照表は、ある一定期間における企業の経営成績を示したものである。

⑶　建物を売却して生じた損失は、営業外費用に含まれる。

⑷　営業外費用とは、臨時的に発生した費用である。

⑸　固定資産売却損は、特別損失に含まれる。

⑹　投資有価証券売却損には、その他有価証券の売却によって生じた損失が含まれる。

⑺　法人税、住民税及び事業税は、利益の金額に課税される税金である。

⑻　損益計算書の表示は、ほとんどの場合、報告式が用いられる。

⑼　売上総利益は、粗利益とも呼ばれる。

⑽　営業利益は、粗利益とも呼ばれる。

⑾　本業で稼いだ利益のことを、営業利益という。

⑿　損益計算書において本業のもうけを示しているのは、経常利益である。

⒀　法人税、住民税及び事業税のことを、法人税等調整額という。

⒁　法人税等調整額とは、税務上の課税額と会計上の税額の差額を調整する際に損益計算書に計上される項目である。

答案用紙

日付	/	/	/
✓			

⑴ ☐　⑵ ☐　⑶ ☐　⑷ ☐　⑸ ☐　⑹ ☐　⑺ ☐　⑻ ☐

⑼ ☐　⑽ ☐　⑾ ☐　⑿ ☐　⒀ ☐　⒁ ☐

損益計算書のルール

損益計算書を作成する前提として、適正な損益計算を行う必要があります。適正な損益計算を行うためには、いくつかの基本的なルールがあります。そのルールについてみていきましょう。

総額主義の原則

総額主義の原則とは、費用と収益を相殺することにより、その全部、または一部を損益計算書から除去してはならないという原則をいいます。

この原則は貸借対照表にもありましたね。

ただし、売上や仕入は、総売上高または総仕入高から返品、割戻しなどを控除した純売上高または純仕入高によって表示します。

たとえば、総売上高が1,000円で、売上戻りが20円のときの損益計算書上の売上高は、980円（1,000円－20円）です。

損益法による期間損益計算

期間損益計算とは、一会計期間の企業の損益を計算することをいいます。また、期間損益計算の方法として損益法があります。

損益法とは、一会計期間の総収益と総費用との差額から、当期純利益（または当期純損失）を計算する方法をいいます。

損益法による当期純利益 ＝ 総 収 益 － 総 費 用

35

発生主義の原則と実現主義の原則

「費用や収益をいつ計上するか」を決めることを費用、収益の認識といいます。費用、収益を計上する基準として、ここでは発生主義の原則と実現主義の原則について学びます。

「いつ」というタイミングのことを、会計用語で「認識」といいます。

(1)発生主義の原則

発生の事実にもとづいて、収益や費用を認識する基準を発生主義といいます。発生主義の原則は、主に費用（および一部の収益）をいつ計上するかを決定するときに使います。

たとえば消耗品は、買ってきて使ったら消耗品費という費用に計上しますが、買ってきても使っていなかったら費用には計上されません。このように、費用の場合は「使った」＝「その物の価値が減った」という事実にもとづいて計上されます。

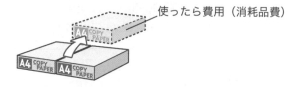

費用の発生

使ったら費用（消耗品費）

日商簿記検定では簡便的に、消耗品は購入時に消耗品費として処理することとしていますが、本来は、未使用で残っている消耗品については費用（消耗品費）として計上せずに、資産（消耗品）に振り替える処理をします。
未使用分：(借)消 耗 品 ×× (貸)消耗品費 ××

Point ▶ 発生主義の原則
収益や費用を発生の事実にもとづいて計上する基準

⑵実現主義の原則

　発生主義による収益の認識では、「価値が上がった（増えた）」という事実にもとづいて収益を認識することになりますが、収益は最終的に配当等に使われる利益のもとになるため、収益の計上にはより確実性が必要となります。そのため、収益の認識には、**発生した価値や金額が明らかになったときに収益を認識する**実現主義の原則が用いられます。収益の実現は、次の2つの要件を満たす必要があります。

Point ▶

> 実現主義の原則
> 企業外部の第三者に財貨または役務を提供し、現金または現金等価物を受領したときに収益を認識する基準
> 実現の要件
> ①企業外部の第三者に財貨・サービスの引渡しがあること
> ②現金または現金等価物を受け取ること

　財貨とは、商品や製品などをいいます。また、**現金等価物**とは、売掛金や受取手形など、金額が決まっていて、**短期的に現金に換えられる債権**をいいます。

　たとえば、商品を掛けで売り上げたときは、①商品という財貨が相手先に渡り、②商品と引換えに売掛金という債権を受け取るので、実現の2要件を満たしていることになり、売上が計上されます。

収益の実現

①企業外部の第三者に財貨・サービスの引渡し

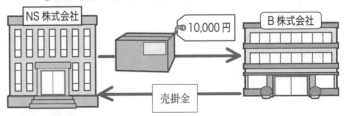

②代価として、現金または現金等価物の受取り

なお、現金の支払いがあったときに費用を計上したり、現金の受取りがあったときに収益を計上するべきとする考え方を**現金主義**といいます。

 現在の企業会計では、基本的に、収益は実現主義により認識し、費用は発生主義により認識をしています。

費用収益対応の原則

　費用収益対応の原則とは、「発生主義で認識した費用のうち実現主義で認識した収益に対応する費用」が損益計算書に記載される費用となり、その差額によって当期の損益を計算するという原則をいいます。

　売上高と売上原価を例にとって費用収益対応の原則をみてみましょう。

　たとえば、当期に商品5個（@10円）を掛けで仕入れ、4個を@15円で、掛けで売ったとしましょう。

　費用は発生主義によって認識されるので、費用（仕入）は50円（@10円×5個）です。一方、収益は実現主義によって認識されるので、収益（売上）は60円（@15円×4個）です。

　このとき、認識されている費用は商品5個分であるのに対し、収益は4個分で認識されています。

　そのため損益計算においては、発生した商品5個分の費用のうち、収益が認識された4個分だけを当期の費用（売上原価）として認識し、収益と費用の対応を図ることで適正に当期の損益を計算することができるのです。

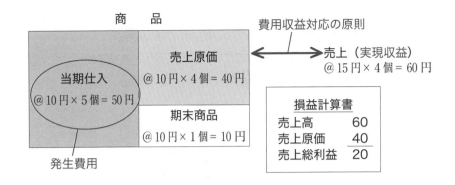

商　品

		費用収益対応の原則

当期仕入
@10円×5個 = 50円

発生費用

売上原価
@10円×4個 = 40円

期末商品
@10円×1個 = 10円

→ 売上（実現収益）
@15円×4個 = 60円

損益計算書	
売上高	60
売上原価	40
売上総利益	20

Point ▶
費用収益対応の原則
実現収益と、発生主義で認識した費用のうち実現収益に対応する
費用を抜き出し、その差額で当期の損益を計算する原則

費用配分の原則

　費用配分の原則の例として、固定資産の減価償却があります。例えば
建物の減価償却費は、売上原価と違って特定の収益に対応する費用とい
うわけではありません。そのため、費用収益対応の原則で収益に対応さ
せようにも、相手となる収益がありません。このような費用は費用配分
の原則により、**会計期間を相手として費用計上します。**

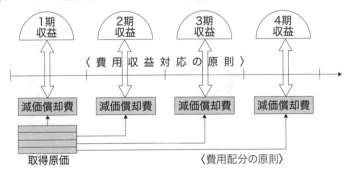

1期 収益	2期 収益	3期 収益	4期 収益

〈 費 用 収 益 対 応 の 原 則 〉

減価償却費	減価償却費	減価償却費	減価償却費

取得原価　　　　　　　　　　〈費用配分の原則〉

減価償却費は売上原価と異なり、収益との1対1の関係が明確でないので、
期間の収益に対する期間の費用ととらえます。ちなみに、これらの費用が記
載される区分が損益計算書の「販売費及び一般管理費」です。

個別的対応と期間的対応

　収益と費用の対応形態には、**商品や製品などを媒介として対応するも**のと、**期間を媒介として対応するもの**があります。

　たとえば、売上高と売上原価は商品を媒介として、収益と費用が**直接的に対応**しています。この対応形態を**個別的対応**といいます。

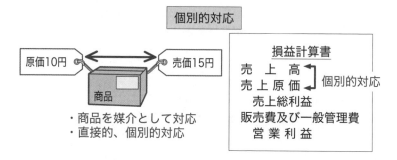

　また、たとえば広告費などは、一会計期間に発生した費用を損益計算書に計上します。このように**期間を媒介**として、収益と費用が間接的に対応する形態を**期間的対応**といい、売上高と販売費及び一般管理費の関係などがこれにあてはまります。

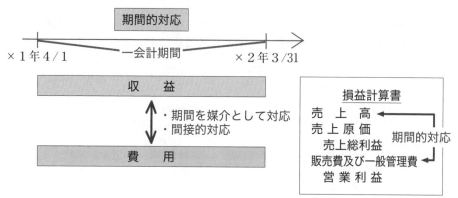

個別的対応と期間的対応

個別的対応…商品や製品などを媒介として収益と費用が個別的、
　　　　　　　直接的に対応
　　　　　例：売上と売上原価

期間的対応…期間を媒介として収益と費用が間接的に対応
　　　　　例：売上と販売費及び一般管理費
　　　　　　　営業外収益と営業外費用

重要性の原則

　重要性の原則は、利害関係者に有用な情報を提供するという目的から
重要性の高いものは厳密な会計処理、明瞭な表示によることを要請する
とともに、重要性の乏しいものは簡便な会計処理や表示を認めるという
原則です。

この原則は、貸借対照表にもありましたね。

　重要性が高い例：

　社債を発行した場合、社債に対する利息を支払利息から独立させて
「社債利息」と表示する。⇐発行した社債の金利は重要な情報なので、
計算できるように示している。

　重要性が低い例：

　消耗品の購入額をそのまま消耗品費として処理し、決算でも消耗品
に振り替えないことが認められている。⇐金額的に少額なため。

次の文章について、正誤（○×）を答えなさい。

(1)　損益計算書には、収益とこれに対応する費用をその発生源泉に応じて純額で記載する。

(2)　費用は、実現主義により計上される。

(3)　収益は、原則として実現主義により計上される。

(4)　収益は、原則として発生主義で計上する。

(5)　有形固定資産の取得原価を、利用期間にわたって計画的・規則的に費用として各期間に配分することを、減価償却という。

(6)　収益と費用の対応には、個別的対応と期間的対応があるが、売上高と売上原価の対応は個別的対応にあたる。

(7)　収益と費用の対応のうち、売上高と売上原価の対応は、期間的対応にあたる。

答案用紙

日付	／	／	／
✓			

(1) ☐　(2) ☐　(3) ☐　(4) ☐　(5) ☐　(6) ☐　(7) ☐

利益は上で出ている方がいい

良い損益計算書・悪い損益計算書

どっちの損益計算書が良い？

みなさんは、どちらの損益計算書が良い損益計算書だと思いますか？

	＜A社＞	＜B社＞
Ⅰ売　　上　　高	1,000	1,000
Ⅱ売　上　原　価	800	300
売　上　総　利　益	200	700
Ⅲ販売費及び一般管理費	400	400
営　業　利　益	△200	300
Ⅳ営　業　外　収　益	50	50
Ⅴ営　業　外　費　用	50	50
経　常　利　益	△200	300
Ⅵ特　別　利　益	500	30
Ⅶ特　別　損　失	0	30
税引前当期純利益	300	300
法人税住民税及び事業税	90	90
当　期　純　利　益	210	210

　A社B社とも、売上高も当期純利益も同じ金額ですが、A社では本業により得た利益である営業利益がマイナスになっており、それを臨時的な特別利益でカバーして当期純利益を計上しています。

　これに対してB社では、売上総利益から一貫して利益をキープし当期純利益を計上していますので、B社の方がより良い状態にあると考えられます。

次の文章について、正誤（○×）を答えなさい。

(1) 営業活動で損失が出ていても、損益計算書において当期純利益が計上
　　されることもある。

(2) 売買目的の有価証券を売却して得た利益は、経常利益を増加させる。

(3) 長期保有目的の有価証券を売却して得た利益は、経常利益を増加させ
　　る。

(4) 売買目的の有価証券の時価が帳簿価額より下落すると、経常利益を増
　　加させる。

(5) 借入金に対する利息を支払うと、経常利益が増加する。

(6) 所有する株式から配当金を得ると、経常利益が増加する。

答案用紙

日付	／	／	／
✓			

(1) ☐ (2) ☐ (3) ☐ (4) ☐ (5) ☐ (6) ☐

10 第2章 損益計算書の財務分析

××○○率のルール

　これより、損益計算書から、その企業の情報を読み取るための様々な分析指標を見ていきます。分析指標の名前としてよく見られる**損益計算書の項目が二つ並ぶ××○○率**は、前の××が分母となり後の○○が分子となります。

日常的な会話などでは、××に位置する「売上高」を省略し、単に○○率ということがあります。この場合、貸借対照表のところで学んだ「○○率は○○が分子、それが全体とするもの（売上高）が分母」というルールに合致することになります。

超重要

$$××○○率 = \frac{○\ ○}{×\ ×} \times 100(\%)$$

$$売上高売上総利益率(\%) = \frac{売上総利益}{売上高} \times 100(\%)$$

$$売上高経常利益率(\%) = \frac{経常利益}{売上高} \times 100(\%)$$

$$売上高売上原価率(\%) = \frac{売上原価}{売上高} \times 100(\%)$$

収益性分析

　企業がどのような活動によって、どれだけの利益を獲得しているかをみるのが収益性分析です。損益計算書のみを用いた収益性分析は、売上高を分母（ベース）として各種の利益や費用の割合（利益効率）をみていきます。

収益性分析には、総資本や自己資本といった会社の資本を分母（ベース）として売上や利益の割合（資本効率）をみるものもあります。
⇒㊹収益性分析で学習します。

利益効率の分析

　売上高に対する利益項目の比率を「売上高利益率（利益率）」、売上高に対する原価や費用の比率を「売上高原価率」「売上高費用率」といい、次のものがあります。

(1)売上高売上総利益率（売上総利益率）

　粗利益率ともいわれ、売上高に含まれる売上総利益の割合を示します。この率が高いということは、一般に、商品力が高いものを扱っていることを示します。

😊：良い状態　　😞：悪い状態

$$売上高売上総利益率（％）＝ \frac{売上総利益}{売上高} × 100（％）$$

高い😊
低い😞

ブランド品などの特殊性のある商品を扱っていると高くなり、消耗品などのコモディティ化された（一般化して差がない）商品を扱っていると低くなる傾向があります。

(2)売上高営業利益率

　売上の獲得に必須となる売上原価と、関連する販売費及び一般管理費を差し引いた**営業利益の割合**なので、本業（売上の獲得）から得た利益の割合を示します。

　この率が高いと、**本業が順調であること**を示します。

$$売上高営業利益率（\%）＝ \frac{営業利益}{売上高} × 100（\%）\begin{cases} 高い ☺ \\ 低い ☹ \end{cases}$$

> この率が下がってくると、本業にテコ入れしなければならなくなります。

(3)売上高経常利益率

　営業外の活動も含めた経常的な活動によって得た収益から、同じく経常的な活動による費用を差し引いて計算した**経常利益の割合**であることから、その**会社の実力**を表す比率だともいわれます。

$$売上高経常利益率（\%）＝ \frac{経常利益}{売上高} × 100（\%）\begin{cases} 高い ☺ \\ 低い ☹ \end{cases}$$

> 資産を運用して利息を受け取るのも実力なら、借入れに対して利息を支払わされるのも実力です。

(4)売上高当期純利益率

　当期の売上高のうち、結果的にどれだけの当期純利益が残ったかを表す比率です。

$$売上高当期純利益率（\%）＝ \frac{当期純利益}{売上高} × 100（\%）\begin{cases} 高い ☺ \\ 低い ☹ \end{cases}$$

> この率が高いと、通常、株主が喜びます。
> 配当が多くもらえそうですから。

⑸売上高原価率（原価率）

　売上高のうち、**売上原価の占める割合を表す比率**です。

　業界ごとに原価の割合は大きく異なるので、同じ業界の中で比較することに意味があります。なお、この率は売上高売上総利益率の補数（足すと 100％になる数字）となります。

$$売上高原価率（％）= \frac{売上原価}{売上高} \times 100 \ （％）\begin{cases} 高い \ \text{☹} \\ 低い \ \text{☺} \end{cases}$$

同じ商品を扱っているライバル企業の原価率が、当社より低いとなると、仕入先に値引交渉を持ちかけないといけないですものね。

⑹売上高費用率（費用率）

　売上高に占める**販売費及び一般管理費（販管費）の割合を示す比率**で、売上高販管費率、営業費率、経費率などともいわれ**経費を掛けすぎていないかをみる比率**です。また、販管費の中で人件費（給料、賞与、役員報酬、福利厚生費）を抜き出して、人件費率を算定することもあります。

$$売上高費用率（％）= \frac{販売費及び一般管理費}{売上高} \times 100 \ （％）\begin{cases} 高い \ \text{☹} \\ 低い \ \text{☺} \end{cases}$$

ライバル企業よりも販売費及び一般管理費の割合が高ければ、費用の削減策を考えないといけないですからね。

"もっと利益を上げないとまずいぞ！"という状況になったとき、簿記を学んだ人なら**「どうやって売上を上げようか」「どうやって経費を削減しようか」**と、損益計算書をベースに考えることでしょう。

これは、至って真っ当な発想で、粉飾ではなく**「企業努力」**です。

しかし、粉飾する人は違います。

貸借対照表上で「何か、無理やりにでも資産計上できるものはないだろうか」と考えるのです。

そこで本書のコラムでは**「信用できない勘定科目たち」**を紹介しましょう。もちろん、これらはすべて資産の勘定科目です。

第１位　役員貸付金

株式会社は、株主からの出資で始まります。

（借）現金預金　100万円（貸）資本金　100万円

この出資額のうち10万円を、社長（役員）が個人的に使ったとしましょう。

このとき、貸方は「現金預金10万円」となりますが、会社の費用ではないので借方に入るべき科目がありません。そこで、経理担当者は仕方なく**「役員貸付金10万円」**と処理するのです。

（借）役員貸付金　10万円（貸）現金預金　10万円

つまり、役員貸付金は**「株主からの出資を社長が個人的に流用してしまった」**という状況を表すことがあります。

これでは、粉飾以前の問題で「社長も含めて会社自体が信用できない」ということになりかねません。

第２位　繰延資産

原則として費用処理される繰延資産を、資産として計上することで資産が増え、その分の利益（繰越利益剰余金）が増加することになります。

貸借対照表上に繰延資産を計上しているということは、**「計上しないと赤字に転落する」**など何がしかの「費用にしたくない事情がある」と考えられます。

　下記の資料により、A社とB社の①～⑥の比率を求めなさい（％の小数点以下第2位を四捨五入）。

①売上高売上総利益率　②売上高営業利益率　③売上高経常利益率
④売上高当期純利益率　⑤売上高原価率　　　⑥売上高費用率

	＜A社＞	＜B社＞
Ⅰ売　　　　上　　　　高	1,000	1,000
Ⅱ売　　上　　原　　価	800	300
売　上　総　利　益	200	700
Ⅲ販売費及び一般管理費	400	400
営　　業　　利　　益	△200	300
Ⅳ営　業　外　収　益	50	50
Ⅴ営　業　外　費　用	100	50
経　　常　　利　　益	△250	300
Ⅵ特　　別　　利　　益	550	30
Ⅶ特　　別　　損　　失	0	30
税　引　前　当　期　純　利　益	300	300
法人税住民税及び事業税	90	90
当　期　純　利　益	210	210

<A社>　　　　　　　　　<B社>

①売上高売上総利益率

$$\frac{200}{1,000} \times 100 = 20.0\ （\%） \qquad \frac{700}{1,000} \times 100 = 70.0\ （\%）$$

②売上高営業利益率

$$\frac{\triangle\,200}{1,000} \times 100 = \triangle\,20.0\ （\%） \qquad \frac{300}{1,000} \times 100 = 30.0\ （\%）$$

③売上高経常利益率

$$\frac{\triangle\,250}{1,000} \times 100 = \triangle\,25.0\ （\%） \qquad \frac{300}{1,000} \times 100 = 30.0\ （\%）$$

④売上高当期純利益率

$$\frac{210}{1,000} \times 100 = 21.0\ （\%） \qquad \frac{210}{1,000} \times 100 = 21.0\ （\%）$$

⑤売上高原価率（原価率）

$$\frac{800}{1,000} \times 100 = 80.0\ （\%） \qquad \frac{300}{1,000} \times 100 = 30.0\ （\%）$$

⑥売上高費用率（費用率）

$$\frac{400}{1,000} \times 100 = 40.0\ （\%） \qquad \frac{400}{1,000} \times 100 = 40.0\ （\%）$$

　両社の売上高営業利益率と売上高経常利益率を比較すると、B社の方が良好な状態にあることがわかりますね。

　また、A社は特別利益がなかったら、多額の損失（赤字）を計上していたことから、来期以降の動きに注意を払う必要があります。

　下記の資料はＡ社の×１年度と×２年度の損益計算書である。この資料より、Ａ社の各年度における①〜⑥の比率を計算して求めなさい（％の小数点以下第２位を四捨五入）。

①売上高売上総利益率　　②売上高営業利益率　　③売上高経常利益率

④売上高当期純利益率　　⑤売上高原価率　　　　⑥売上高費用率

		＜×１年度＞	＜×２年度＞
Ⅰ売　　　　上　　　　高		10,000	9,900
Ⅱ売　　上　　原　　価		5,500	3,400
売　上　総　利　益		4,500	6,500
Ⅲ販売費及び一般管理費		4,000	4,800
営　業　利　益		500	1,700
Ⅳ営　業　外　収　益		100	50
Ⅴ営　業　外　費　用		300	400
経　常　利　益		300	1,350
Ⅵ特　別　利　益		100	100
Ⅶ特　別　損　失		100	220
税引前当期純利益		300	1,230
法人税住民税及び事業税		10	20
当　期　純　利　益		290	1,210

答案用紙

日付	/	/	/
✓			

	＜×１年度＞	＜×２年度＞
① 売上高売上総利益率	(%)	(%)
② 売上高営業利益率	(%)	(%)
③ 売上高経常利益率	(%)	(%)
④ 売上高当期純利益率	(%)	(%)
⑤ 売上高原価率 （原価率）	(%)	(%)
⑥ 売上高費用率 （費用率）	(%)	(%)

第3章

第3章の解説動画はこちら

さまざまな取引

　この章には、ビジネス会計検定試験3級で登場しますが、日商簿記3級では学習しない簿記の処理を掲載しました。

　財務分析の知識は、一般的なビジネスでは「**その科目がどのようにして計上されたものなのか**」がわからないと活かせないものなので、一通り目を通しておきましょう。

⑪ 有価証券の分類と表示
⑫ 売買目的有価証券
⑬ 満期保有目的債券
⑭ 子会社株式、関連会社株式
⑮ その他有価証券
⑯ 売上原価の計算と商品の期末評価
⑰ 有形固定資産
⑱ 減損会計
⑲ 無形固定資産
⑳ 投資その他の資産
㉑ 繰延資産

㉒ いろいろな引当金
㉓ 社債
㉔ 株主資本
㉕ 合併による増資
㉖ 剰余金の処分
㉗ 自己株式
㉘ 評価・換算差額等
㉙ 新株予約権
㉚ 税効果会計

　このうち、⑱減損会計、㉑繰延資産、㉓社債、㉗自己株式、㉙新株予約権以外は日商簿記2級で学習する内容となります。

　この章で扱う内容の理解は、今後、日商簿記2級等を学習するときにも、役立つものとなるでしょう。

保有目的により分類する

有価証券の分類と表示

有価証券とは？

有価証券とは、文字どおり「価値の有る証券」です。具体的には、株式や社債・国債などの債券があります。また、有価証券は金融資産でもあり、決算では、原則として時価で評価されます（保有する目的によって処理方法が異なります）。

有価証券を持っているといいことある？

株式を持っていると配当金、社債や国債を持っていると利息を受け取ることができます。

また、市場で売買される有価証券の価格は、日々変動するため、安いときに買って高いときに売れば、差額で儲けることができます。

さらに、株式を保有することで株主となり、相手先を支配したり、影響力を行使したりすることも可能になります。

有価証券の分類

　有価証券は、貸借対照表上では次のような表示科目で記載されています。それぞれの表示科目は、表のように、保有目的によって分類された各種有価証券を含んでいます。

表示科目	勘定科目	保有目的
有　価　証　券 ※	売買目的有価証券	売買により儲けを得る
投資有価証券 ※	満期保有目的債券	満期まで保有して利息を受け取る
	その他有価証券	他社との業務提携、長期利殖など
関係会社株式	子　会　社　株　式	他の会社への支配力を行使する
	関連会社株式	他の会社への影響力を行使する

　※　ただし、満期が決算日の翌日から起算して1年以内に到来する債
　　　券については有価証券として流動資産に記載する。

　「表示科目」は、貸借対照表で記載されているもの、
　「勘定科目」は、帳簿に記入するさいに使用するものです。

　「その他有価証券」は、売買目的有価証券、満期目的保有債券、
　子会社株式、関連会社株式以外で保有している有価証券のことを
　いいます。

Point ▶

　貸借対照表上の表示区分
　有価証券：流動資産の区分
　投資有価証券：⎫
　　　　　　　　⎬固定資産の投資その他の資産の区分
　関係会社株式：⎭

有価証券に関連する表示

　貸借対照表では、売買目的有価証券は「有価証券」として流動資産に表示されます。

　満期目的保有債券とその他有価証券は「投資有価証券」として、また子会社株式と関連会社株式は「関係会社株式」として、固定資産の投資その他の資産の区分に表示されます。

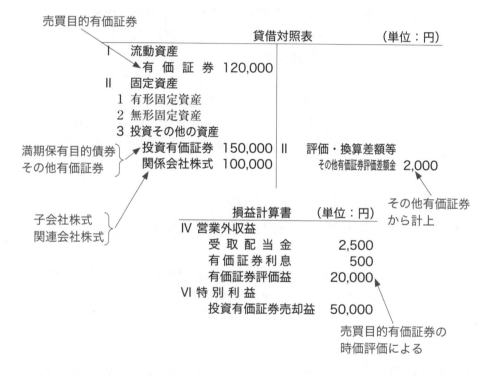

売買目的有価証券

貸借対照表　　　（単位：円）

I　流動資産
　　有価証券　120,000
II　固定資産
　1　有形固定資産
　2　無形固定資産
　3　投資その他の資産

満期保有目的債券
その他有価証券

　　投資有価証券　150,000
　　関係会社株式　100,000

II　評価・換算差額等
　　その他有価証券評価差額金　2,000

その他有価証券
から計上

子会社株式
関連会社株式

損益計算書　　（単位：円）

IV　営業外収益
　　受取配当金　　　2,500
　　有価証券利息　　　500
　　有価証券評価益　20,000
VI　特別利益
　　投資有価証券売却益　50,000

売買目的有価証券の
時価評価による

ただし、満期までの期間が1年以内となった満期保有目的債券などは「有価証券」として表示されます。

56

次の文章について、正誤（○×）を答えなさい。

(1)　時価の変動により利益を得ることを目的として保有する有価証券は、投資その他の資産に記載される。

(2)　投資その他の資産に記載される投資有価証券には、売買目的有価証券も含まれる。

(3)　金融資産は、原則として取得原価で評価する。

(4)　利息を受け取ることを目的として、満期まで保有する社債・国債などの債券をその他有価証券という。

(5)　売買目的有価証券とその他有価証券は、貸借対照表上では投資有価証券として表示される。

(6)　投資有価証券は有形固定資産の区分に記載される。

答案用紙

日付	／	／	／
✓			

(1) ☐ (2) ☐ (3) ☐ (4) ☐ (5) ☐ (6) ☐

売買目的有価証券

第3章

売買目的有価証券とは？

　短期的に売買して、儲けを得る目的で保有する有価証券を売買目的有価証券（ばいばいもくてきゆうかしょうけん）といいます。売買目的有価証券は、売買を前提とするので、時価があります。

> 時価がないと、売ろうと思っても売れないですもんね。

Point ▶

売買目的有価証券

短期的に売買して儲けを得る目的で保有する有価証券⇒流動資産

売買目的有価証券の仕訳

　売買目的有価証券の仕訳は、①購入したとき、②配当金や利息を受け取ったとき、③売却したとき、④決算のときがあります。

　売買目的で有価証券を購入したときは、売買目的有価証券（資産）で処理します。

　宮城商事株式会社が発行する株式 10 株を売買目的で 1 株あたり 1,000 円で購入し、代金は証券会社に対する手数料 500 円とともに小切手を振り出して支払った。

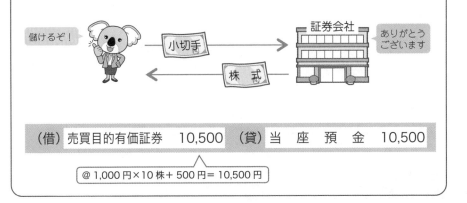

| （借）売買目的有価証券 | 10,500 | （貸）当　座　預　金 | 10,500 |

@ 1,000 円×10 株＋ 500 円＝ 10,500 円

　有価証券の金額〔＝取得原価〕は、有価証券そのものの価格〔＝購入代価〕に、購入にさいして支払った手数料など〔＝付随費用〕を加えた金額となります。

　保有している宮城商事株式会社の株式の配当として、配当金領収証 500 円を受け取った。

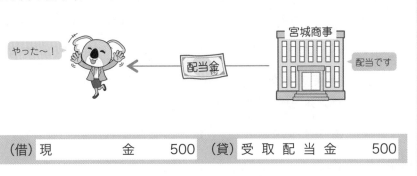

| （借）現　　　　　金 | 500 | （貸）受 取 配 当 金 | 500 |

株式を保有していると配当金を受け取ることができます。配当金は、株式を発行している会社が、自社の儲けを株主に分配したものです。

配当金を受け取ったときは、<ruby>受取配当金<rt>うけとりはいとうきん</rt></ruby>（収益）で処理します。

配当金領収証は、通貨代用証券（すぐにお金に換えることができるもの）なので、受け取ったときに「現金」で処理します。

なお、社債や国債を保有していて、利息を受け取ったときは、<ruby>有価証券利息<rt>ゆうかしょうけんりそく</rt></ruby>（収益）で処理します。

後で出てくる「満期保有目的債券」として社債や国債を保有している場合でも、利息の受け取り時の処理は同じです。

取 引　③売却したとき（株式）

売買目的有価証券として保有している宮城商事株式会社の株式（帳簿価額 10,500 円）を 11,000 円で売却し、代金は当座預金口座に振り込まれた。

（借）当 座 預 金	11,000	（貸）売買目的有価証券	10,500
		有価証券売却益	500

11,000円 － 10,500円 ＝ 500円（売却益）
売却価額　　帳簿価額

仮に上記の株式（帳簿価額 10,500 円）を 10,000 円で売却した場合には、500 円の有価証券売却損が計上されます。

帳簿価額と売却価額の差額が損益になるのは、簿記の共通ルールです。

決算時の処理

　売買目的有価証券は、決算時に時価（期末時価）に評価替えされ、貸借対照表に記載されます。

価格上昇！　　　有価証券　　　　価格は日々、変動します

「評価」という言葉には、「資産の金額を決める」という意味がありましたね。

帳簿価額と期末時価との差額は、
当期の運用の結果として当期の損益計算に反映させます。

超
重要

帳簿価額（取得原価）＞期末時価
　　⇒ 価値が下がっている…有価証券評価損（費用）⇒ 営業外費用
帳簿価額（取得原価）＜期末時価
　　⇒ 価値が上がっている…有価証券評価益（収益）⇒ 営業外収益

取　引	④売買目的有価証券（決算時　時価↓）

　売買目的有価証券（帳簿価額 10,500 円）の期末時価は 10,300 円であった。

差額は費用　　　　　価値が下がった分
　　　　　　　　　　を減らす

（借）有価証券評価損	200	（貸）売買目的有価証券	200

取　引	④売買目的有価証券（決算時　時価↑）

売買目的有価証券（帳簿価額 10,500 円）の期末時価は 10,800 円であった。

価値が上がった分
を増やす

差額は収益

（借）売買目的有価証券　　　300　　（貸）有価証券評価益　　　300

Point ▶

売買目的有価証券に関する収益・費用
（売却損益、評価損益、有価証券利息、受取配当金）
・これらはすべて損益計算書上の営業外費用・営業外収益に表示される。
・これらのすべてをまとめた純額で「有価証券運用損（益）」と表示する場合もある。

⑫ 基本問題　売買目的有価証券　　解答…P.279

次の文章について、正誤（○×）を答えなさい。

(1) 時価の変動により利益を得ることを目的として保有する有価証券は、投資その他の資産に記載される。

(2) 投資その他の資産に記載される投資有価証券には、売買目的有価証券も含まれる。

(3) 売買目的の有価証券を売却して得た利益は、経常利益を増加させる。

(4) 売買目的の有価証券の時価が帳簿価額より下落すると、経常利益を増加させる。

(5) 売買目的有価証券は、貸借対照表には有価証券として帳簿価額で表示する。

答案用紙

日付	/	/	/
✓			

(1) ☐　(2) ☐　(3) ☐　(4) ☐　(5) ☐

満期保有目的債券

第3章

満期保有目的債券とは？

利息を受け取ることを目的として、満期まで保有する社債・国債などの債券を満期_{まんき}保_ほ有_{ゆう}目_{もく}的_{てき}債_{さい}券_{けん}といい、<u>満期保有目的債券（資産）</u>で処理します。

> 満期まで保有するので、売買目的有価証券のように
> 決算で時価評価をすることはありません。

取 引	満期保有目的債券（購入時）

D社の社債を額面 100 円につき 100 円で 100 口購入し、代金は小切手を振り出して支払った。当社はこの社債を満期まで保有する予定である。

「満期まで保有」より

（借）満期保有目的債券　10,000　（貸）当　座　預　金　10,000

@ 100 円×100 口= 10,000 円

Point ▶ 貸借対照表上の満期保有目的債券の表示

・「投資有価証券」として、固定資産の投資その他の資産の区分
　に表示される。

・満期までの期間が 1 年以内となった満期保有目的債券は「有価
　証券」として、流動資産の区分に表示される。

解答…P.280

次の文章について、正誤（○×）を答えなさい。

⑴　満期保有目的債券は、貸借対照表上では、必ず投資有価証券として表示される。

⑵　投資有価証券は、有形固定資産の区分に表示される。

⑶　満期保有目的債券とは、利息を受け取ることを目的として、満期まで保有する社債・国債などの債券をいう。

答案用紙

日付	／	／	／
✓			

⑴ ☐　⑵ ☐　⑶ ☐

14 第3章 子会社株式、関連会社株式

子会社株式、関連会社株式とは？

　子会社株式とは、当社（**親会社**）が、支配している会社（**子会社**）の株式のことです。

　「支配している」とは、当社（親会社）が、子会社の株式を50%超、保有している場合などが該当し、**子会社株式（資産）**で処理します。

　関連会社株式とは、当社が、経営方針に影響力を持つことができる会社（**関連会社**）の株式のことです。

　「影響力を持つことができる」とは、当社が、関連会社の株式を20%以上50%以下、保有している場合などが該当し、**関連会社株式（資産）**で処理します。

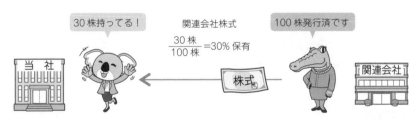

子会社株式、関連会社株式の決算時の処理

　子会社株式や関連会社株式は、売却益を目的とした売買を行わず、継続的に保有することを前提としているので、決算時に時価による評価替えはしません。

子会社株式・関連会社株式

ふふふ…

株式

支配力・影響力を行使する目的で保有します

Point ▶

貸借対照表上の子会社株式・関連会社株式の表示
・「関係会社株式」として、固定資産の投資その他の資産の区分に取得原価で表示される。

⑭ 基本問題　子会社株式、関連会社株式
解答…P.280

次の文章について、正誤（○×）を答えなさい。

(1) 関係会社株式は、純資産の部に記載される。

(2) 関係会社株式とは、貸借対照表上で子会社株式と関連会社株式を表示する科目である。

(3) 当社が発行済株式数の20％以上50％以下を保有し、経営方針に影響力を持つことができる会社の株式を子会社株式という。

(4) 子会社株式は、決算において時価で評価替えする。

答案用紙

日付	/	/	/
✓			

(1) ☐　(2) ☐　(3) ☐　(4) ☐

15 その他有価証券

第3章

その他有価証券とは？

　売買目的有価証券、満期保有目的債券、子会社株式、関連会社株式以外の有価証券をその他有価証券といいます。

　一般的には、株式であれば、相手先との関係維持、債券であれば長期利殖といった目的が挙げられます。

その他の有価証券ではないので注意しましょう。

その他有価証券の購入時・売却時の処理

　購入時・売却時の処理は、売買目的有価証券の場合とほぼ同様ですが、売却損益の計上区分は異なりますので注意が必要です。

①購入時

　購入代価に付随費用を加えた金額を<u>その他有価証券（資産）</u>で処理します。

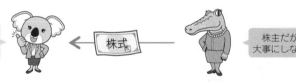

ワニさんの会社の株式を所有して、関係を深めておこう

株式

株主だから大事にしなきゃ

②売却時

　売却時の帳簿価額と売却価額との差額を<u>投資有価証券売却益</u>（収益）または<u>投資有価証券売却損（費用）</u>で処理します。

損益計算書では、投資有価証券売却益は「特別利益」、
投資有価証券売却損は「特別損失」の区分に計上されます。
（収益と費用の区分については第2章参照）

その他有価証券の決算時の処理

①評価方法

その他有価証券も、いつかは売却されるものなので、決算時には時価に評価替えします。

保有目的はさまざま…
でも、いつか売却します

その他有価証券

有価証券

時価で評価します。

②評価差額の処理

評価差額は、評価損・評価益ともにその他有価証券評価差額金（純資産）で処理します。この方法を全部純資産直入法といいます。

評価損益を直接、貸借対照表に記載するため、損益計算には影響しません。

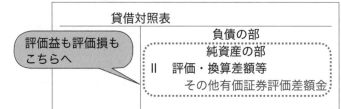

貸借対照表

評価益も評価損も
こちらへ

負債の部
純資産の部
Ⅱ　評価・換算差額等
その他有価証券評価差額金

Point ▶ その他有価証券の決算時の処理

期末時価に評価替えし、評価差額は貸借対照表の純資産の部の評価・換算差額等の区分に記載

当社は、期中にA社の株式（その他有価証券）を購入し、保有している。次の各ケースにおいて、決算における仕訳を全部純資産直入法によって行う。

　　ケース①：帳簿価額 1,000 円、期末時価 900 円の場合

　　ケース②：帳簿価額 1,000 円、期末時価 1,050 円の場合

ケース①

> 900 円－ 1,000 円＝△ 100 円
> 時価 ＜ 帳簿価額

| （借）その他有価証券評価差額金 | 100 | （貸）その他有価証券 | 100 |

相手勘定は、「その他
有価証券評価差額金」
で純資産の減少

時価が帳簿価額より
低いので、その他
有価証券を減らす

ケース②

> 1,050 円－ 1,000 円＝ 50 円
> 時価 ＞帳簿価額

| （借）その他有価証券 | 50 | （貸）その他有価証券評価差額金 | 50 |

時価が帳簿価額より
高いので、その他
有価証券を増やす

相手勘定は、「その他
有価証券評価差額金」
で純資産の増加

どちらの場合も「その他有価証券評価差額金」で処理します。
また、各ケースの貸借対照表は、次のとおりです。

貸借対照表（ケース①）

資産の部	負債の部
：	：
Ⅱ　固定資産	純資産の部
投資その他の資産	Ⅱ　評価・換算差額等
投資有価証券　　　900	その他有価証券評価差額金　△100

借方残高の場合は
マイナス表記

貸借対照表（ケース②）

資産の部	負債の部
：	：
Ⅱ　固定資産	純資産の部
投資その他の資産	Ⅱ　評価・換算差額等
投資有価証券　　1,050	その他有価証券評価差額金　　50

⑮ 基本問題　その他有価証券

解答…P.280

次の文章について、正誤（○×）を答えなさい。

(1)　その他有価証券とは、売買目的有価証券、満期保有目的債券、子会社株式、関連会社株式以外で保有している有価証券のことをいう。

(2)　その他有価証券評価差額金は、損益計算書の特別利益に計上される。

(3)　その他有価証券評価差額金は、その他有価証券を時価評価した際の簿価と時価との差額であり、貸借対照表に計上される。

(4)　長期保有目的の有価証券を売却して得た利益は、経常利益を増加させる。

答案用紙

日付	／	／	／
✓			

(1)　□　(2)　□　(3)　□　(4)　□

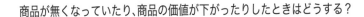

16 第3章 売上原価の計算と商品の期末評価

棚卸資産とは？

　棚卸資産とは、商品、製品といった販売目的のものや、原材料、仕掛品といった製造に関わるもの、さらに貯蔵品など、「決算にさいして棚卸を要するもの」をいいます。

取　引	商品代金の前払い

商品の購入にさいし、予約金1,500円を現金で支払った。

(借)前　渡　金	1,500	(貸)現　　　金	1,500

日商簿記では使い分けませんが、商品代金の前払いは「前渡金」、費用の前払いは「前払金」と使い分けることがあります。
なお、「予約金」という表示科目や勘定科目はありません。

取　引	商品の購入

　予約していた商品6,800円が届き、代金のうち1,500円は予約金を充当し、残額を掛けとした。なお引取費300円は現金で支払った。

(借)仕　　　入	7,100	(貸)前　渡　金	1,500
		買　掛　金	5,300
		現　　　金	300

付随費用は、商品の仕入原価に算入します。

売上原価の計算

　当期に販売した商品の原価を**売上原価**といいます。売上原価は次の計算式で求めます。

 超重要　売上原価＝期首商品棚卸高＋当期商品仕入高−期末商品棚卸高

　なお、売上原価の計算を仕入勘定（三分法）で行う場合の決算整理仕訳と勘定の流れは次のとおりです。

【資料】期首商品棚卸高　2,000 円
　　　　当期商品仕入高　7,000 円
　　　　期末商品棚卸高　1,000 円

　⓪元々、仕入勘定には当期商品仕入高が、繰越商品勘定には期首商品棚卸高が入っています。

　①期首商品棚卸高を、繰越商品勘定から仕入勘定へ振り替えます。

① （借）仕　　　　　　入　2,000　（貸）繰　越　商　品　2,000

　②期末商品棚卸高を、仕入勘定から繰越商品勘定へ振り替えます。

② （借）繰　越　商　品　1,000　（貸）仕　　　　　　入　1,000

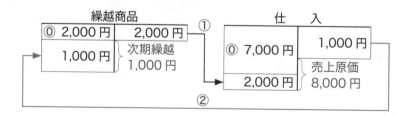

こうすることで、仕入勘定で売上原価が計算されます。

棚卸減耗損とは？

期末に、倉庫で商品の数量を実際に数えてみたら、帳簿上の数量（帳簿棚卸数量）より実際の数量（実地棚卸数量）が減っていた、ということがあります。このような、帳簿上の数量と実際の数量との差（減少分）を棚卸減耗といいます。

帳簿では10個だよ！

2個（＝10個－8個）の棚卸減耗が生じています

不一致

実地では8個です

棚卸減耗が生じたときは、その金額を計算し、<u>棚卸減耗損</u>（費用）で処理します。

Point ▶

棚卸減耗損
棚卸減耗損＝1個当たりの原価×（帳簿数量－実際数量）

・帳簿上の数量に対する実際の数量の減少分を処理する科目。
・棚卸減耗損は売上原価に含める場合と含めない場合がある。

| 取　引 | 棚卸減耗 |

期末商品の帳簿数量は10個（原価@100円）であったが、実際に倉庫にあったのは8個であった。

@100円×（10個－8個）＝200円

| （借）棚 卸 減 耗 損 | 200 | （貸）繰 越 商 品 | 200 |

（借）仕　　入　（貸）繰越商品
（借）繰越商品　（貸）仕　　入
のあとに行うので、貸方は「繰越商品」となります。

商品評価損とは？

期末商品は原則として、原価（取得原価）で評価します。

しかし、期末における商品の時価（正味売却価額）が原価よりも下がったときは、時価で評価しなければなりません。

商品の原価と時価の差額、すなわち商品価値の下落分は<u>商品 評 価損</u>（費用）で処理します。

 Point ▶

商品評価損

商品評価損＝（1個当たりの原価－1個当たりの時価）×実際数量

・期末における商品が原価≧時価（正味売却価額）となったときに、商品価値の下落分を処理する科目。

・商品評価損は、原則として売上原価に含める。

商品の評価は、実際の数量に対して行います。
帳簿上の数量ではないので注意しましょう。

取 引	商品評価損

期末において実際数量8個の1個あたりの原価は@100円、時価は@90円であった。

（@100円－@90円）×8個＝80円

（借）商 品 評 価 損　　80　（貸）繰 越 商 品　　80

（借）仕　　入　（貸）繰越商品
（借）繰越商品　（貸）仕　　入
のあとに行うので、貸方は「繰越商品」となります。

財務諸表における表示の方法

ボックス図を使うと次のように表すことができます。

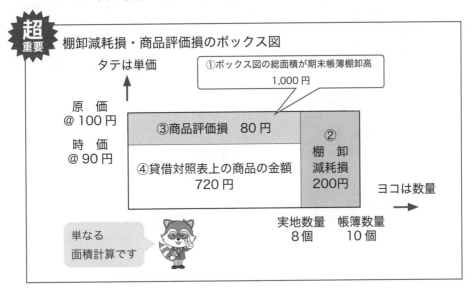

超重要

棚卸減耗損・商品評価損のボックス図

タテは単価

①ボックス図の総面積が期末帳簿棚卸高
1,000 円

原　価
@ 100 円

時　価
@ 90 円

③商品評価損　80 円

②棚卸減耗損
200円

④貸借対照表上の商品の金額
720 円

ヨコは数量

実地数量　帳簿数量
8個　　　10 個

単なる
面積計算です

①期末帳簿棚卸高

期末帳簿棚卸高 ＝ 1 個あたりの原価 × 帳簿数量

期末帳簿棚卸高：@ 100 円× 10 個 = 1,000 円

②棚卸減耗損

棚卸減耗損 ＝ 1 個あたりの原価 ×（帳簿数量－実際数量）

棚卸減耗損：@ 100 円×（10 個－ 8 個）= 200 円

③商品評価損

商品評価損 ＝（1 個あたりの原価－ 1 個あたりの時価）×実際数量

商品評価損：（@ 100 円－@ 90 円）× 8 個 = 80 円

④貸借対照表上の商品の金額

①から②と③を差し引いたものが、貸借対照表上の商品の金額です。

1,000 円－ 200 円－ 80 円 = 720 円

これらの①から④を損益計算書と貸借対照表に記載すると以下のようになります（②棚卸減耗損を売上原価に含める場合）。

損益計算書		（単位：円）
Ⅰ　売　上　高		10,000
Ⅱ　売　上　原　価		
1．期首商品棚卸高	2,000	
2．当期商品仕入高	7,000	
合　　計	9,000	
①…3．期末商品棚卸高	1,000	
差　　引	8,000	
②…4．棚卸減耗損	200	
③…5．商品評価損	80	8,280
売上総利益		1,720
⋮		⋮

貸借対照表（単位：円）	
Ⅰ　流動資産	
④…　商品（製品）	720
原　材　料	200
仕　掛　品	100
貯　蔵　品	30

②棚卸減耗損を売上原価に含めない場合は、販売費及び一般管理費などの内訳項目として表示します。

⑯ 基本問題　売上原価の計算と商品の期末評価　解答…P.281

次の文章について、正誤（○×）を答えなさい。

(1)　商品は、販売する目的で保有している財貨である。

(2)　商業における売上原価は、期首商品棚卸高と当期商品仕入高の合計額から期末商品棚卸高を控除した金額である。

(3)　決算において商品は、原則として取得原価で評価するが、期末における商品の正味売却価額（時価）が取得原価よりも下がったときは、価値の下落分を棚卸減耗損で処理する。

答案用紙

日付	／	／	／
✓			

(1) ☐　(2) ☐　(3) ☐

「有形」とは、目に見えて形があるもの

有形固定資産

第3章

有形固定資産とは？

　固定資産のうち、建物、備品、車両運搬具、土地など具体的な形が有るものを有形固定資産といいます。

Point ▶

有形固定資産

　形の有る固定資産（建物、備品、車両運搬具、構築物、土地）

　有形固定資産を購入したときは、付随費用も取得原価に含めます。

有形固定資産の取得原価 ＝ 購入代価 ＋ 付随費用

構築物とは、工場の周りの塀や桟橋のように、居住用ではなく地面に付着した有形固定資産をいいます。

減価償却とは？

　建物や備品などの有形固定資産は、長期間、使用するため老朽化し、毎年価値が下がっていきます。この価値の下落分を費用として計上する手続きを減価償却といいます。

　減価償却費の計算には、次のような方法があります。

定　額　法	建物など、毎期の価値の減少を一定と考える処理方法。
定　率　法	コンピュータのように、絶えず新しいものが発売され、すぐに価値が下がってしまう資産など、最初の年度の減価償却費が最も大きく、古くなるほど価値の減少が少なくなっていく方法。

定額法による減価償却費の計算方法

$$減価償却費 = \frac{取得原価 - 残存価額}{耐用年数} \Rightarrow 毎期一定となる$$

定率法による減価償却費の計算方法

減価償却費 ＝（取得原価－期首の減価償却累計額）× 償却率
⇒減価償却費の金額は徐々に小さくなっていく

「土地」は使用しても価値が下がらないので、減価償却は行いません。

建設仮勘定とは？

ビルの建設などは長期にわたって行われ、多くの支出を伴います。このような建設中の固定資産に対して支払った金額を記録しておく勘定を
けんせつかりかんじょう
建設仮勘定（資産）といいます。

まだまだ…　　　　　　　　　　　完成すると　　　　　　できた～！

建設仮勘定（資産）　　　　　　　　　　　　　　　　　建物（資産）

Point ▶

建設仮勘定（資産）

建設中の固定資産に対して支払った金額を記録する勘定。

「建設仮」ではなく「建設仮勘定」という勘定科目名です。

①建設代金の支払時

　建設中の固定資産に対して支払った金額は<u>建設仮勘定（資産）</u>で処理します。

> **取　引**　建設仮勘定①
>
> 　建物の新築のため、建設会社と500,000円の請負金額で契約し、着手金100,000円を小切手を振り出して支払った。
>
> （借）建　設　仮　勘　定 100,000　（貸）当　座　預　金 100,000

建設仮勘定は、当期の収益に貢献していない（まだ使われていない）ため、費用（減価償却費）も計上しません。←費用収益対応の原則

②完成・引渡時

　建設中であった固定資産が完成し、引渡しを受けたときは、<u>建設仮勘定（資産）</u>の金額を<u>建物（資産）</u>に振り替えます。

> **取　引**　建設仮勘定②
>
> 　建物が完成し、引渡しを受けたので、契約金額の残額400,000円を小切手を振り出して支払った。
>
> 建設仮勘定の残高を建物に振り替える
>
> （借）建　　　　　物 500,000　（貸）建　設　仮　勘　定 100,000
> 　　　　　　　　　　　　　　　　当　座　預　金 400,000

次の文章について、正誤（○×）を答えなさい。

(1)　ソフトウェアは有形固定資産に該当する。

(2)　建設仮勘定は有形固定資産に該当する。

(3)　投資有価証券は有形固定資産に該当する。

(4)　土地は有形固定資産に該当する。

(5)　のれんは有形固定資産に該当する。

(6)　建物は投資その他の資産に該当する。

(7)　建設仮勘定は、無形固定資産に含まれる。

(8)　有形固定資産の取得原価を、利用期間にわたって計画的・規則的に費
　　用として各期間に配分することを、減価償却という。

(9)　有形固定資産には、減価償却を行わないものもある。

(10)　土地、建物、車両運搬具は、減価償却を行う。

(11)　定率法を用いると、毎期の減価償却費は一定となる。

(12)　有形固定資産には、減価償却の対象とならない資産も含まれる。

答案用紙

日付	／	／	／
✓			

(1)　□　(2)　□　(3)　□　(4)　□　(5)　□　(6)　□　(7)　□　(8)　□

(9)　□　(10)　□　(11)　□　(12)　□

18

第3章

減損会計

減損会計とは？

　減損会計とは、固定資産の収益性（その固定資産が収益の獲得にどれだけ貢献するか）が、最初に予想していたよりも低下したことにより、投資額の回収が見込めなくなった場合に、その分を帳簿価額から減額する会計処理をいいます。

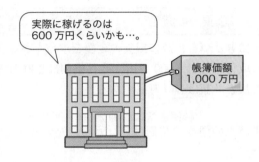

実際に稼げるのは
600万円くらいかも…。

帳簿価額
1,000万円

減損損失の測定

　減損損失を認識すべきと判定された資産について、**帳簿価額を回収可能価額まで減額**して、その減額分を減損損失（特別損失）とします。

　回収可能価額とは、いま資産等を売ったら正味いくらになるのか（正味売却価額）と、資産等をそのまま使ったとしたら、将来、どれだけの収益（収入）を獲得できるのか（使用価値）のうち、いずれか高い方の金額をいいます。

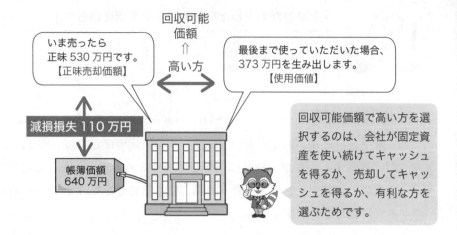

回収可能価額で高い方を選択するのは、会社が固定資産を使い続けてキャッシュを得るか、売却してキャッシュを得るか、有利な方を選ぶためです。

| 例　題 | ①減損損失の測定 |

次の資料にもとづき、減損損失の金額を求めなさい。

(1)建物の取得原価は 1,000 万円、残存価額は 100 万円、当期末時点の減価償却累計額は 360 万円である。

帳簿価額は 640 万円(1,000 万円 − 360 万円)ですね。

(2)当期末時点の建物の時価は 550 万円、処分費用は 20 万円と見積もられた。

(3)建物の使用価値は 373 万円と見積もられた。

●正味売却価額

　　時価から処分費用を差し引いて正味売却価額を計算します。

550 万円 − 20 万円 = 530 万円

●使用価値

資料(3)より、373 万円。

●回収可能価額の決定

　　正味売却価額と使用価値を比べて、高い方を回収可能価額とします。

　　530万円 ＞ 373万円　→　回収可能価額は530万円
　　正味売却価額　　使用価値

●減損損失の測定

　　帳簿価額から回収可能価額を差し引いて減損損失を測定します。

　　(1,000万円－ 360万円) － 530万円 ＝ 110万円
　　　　　　　帳簿価額　　　　　　　　回収可能価額

| (借) | 減　損　損　失 | 110 | (貸) | 建　　　　　物 | 110 |

　　└----- 損益計算書 特別損失

⑱ 基本問題　減損会計　　　　　　　　　　解答…P.282

次の文章について、正誤（○×）を答えなさい。

(1)　減損損失とは、資産の収益性が低下し、投資額の回収が見込めなくなるなど、固定資産などの価値が大幅に減少したことによる評価損のことである。

(2)　固定資産について減損損失が認識されたとき、当該資産の帳簿価額を、正味売却価額か使用価値のどちらか低い方の金額まで減額する処理を行う。

(3)　減損損失は損益計算書の営業外費用の区分に計上される。

(4)　減損処理後に回収可能価額が回復した場合、減損損失を戻し入れることがある。

答案用紙

日付	／	／	／
✓			

(1) ☐　(2) ☐　(3) ☐　(4) ☐

「無形」とは、形の無いもの

19 無形固定資産

無形固定資産とは？

固定資産のうち、「法律上の権利として認められたもの」、「経済的に価値があると認められるもの」など、形の無いものを無形固定資産といいます。

無形固定資産には、次のようなものがあります。

特　許　権	新たな発明をして得た権利。	法律で定められた権利の存続期間で償却
商　標　権	商標（トレードマーク）を登録することによって得た権利。	
ソフトウェア	コンピュータを機能させるためのプログラム。	原則5年以内に償却
の　れ　ん	超過収益力を表す無形固定資産。	最長20年以内に償却

法律上の権利として、「特許権」や「商標権」などがあります。
経済的に価値があるものとして、「ソフトウェア」や「のれん」があります。

無形固定資産の処理

無形固定資産の、①取得時、②決算時の処理をみていきましょう。

①取得時の処理

無形固定資産を取得したときは、取得に要した支出額が取得原価となります。

取　引　　　無形固定資産①

　特許権を取得したが、これに要した費用は 70,000 円であり、現金で支払った。また、登録料として、10,000 円を小切手を振り出して支払った。

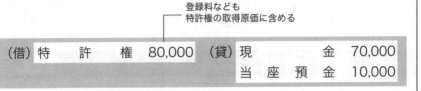

登録料なども
特許権の取得原価に含める

| (借) 特　許　権 | 80,000 | (貸) 現　　　　金 | 70,000 |
| | | 当　座　預　金 | 10,000 |

②決算時の処理

　それぞれの無形固定資産は、決算時に、償却期間にわたり、**残存価額をゼロ**とした**定額法**により償却（費用化）し、**直接法**で記帳します。

　直接法による記帳とは、費用化した金額を、該当する資産の帳簿価額から直接減額していく方法です。

取　引　　　無形固定資産②

　決算において、特許権（期首に 80,000 円で計上）を償却する。償却期間は 8 年である。

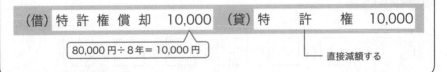

| (借) 特　許　権　償　却 | 10,000 | (貸) 特　許　権 | 10,000 |

80,000 円÷ 8 年＝ 10,000 円

直接減額する

「○○償却」は費用です。
減価償却費のようなものです。

無形固定資産の償却

・直接法で減額する（××累計額は使わない）
・借方科目は無形固定資産の科目の後に「償却」を付ける
・残存価額はゼロ

⑲ 基本問題　無形固定資産

解答…P.282

次の文章について、正誤（○×）を答えなさい。

(1) 商標権は、無形固定資産に該当する。

(2) ソフトウェアは有形固定資産に該当する。

(3) のれんは有形固定資産に該当する。

(4) 特許権は投資その他の資産に該当する。

(5) のれんは、他社から営業を譲り受けた際に、相手方に対して対価として支払われた金額が受け入れた純資産の額を下回る額である。

(6) 無形固定資産は、償却を行わない。

(7) 商標権の貸借対照表計上額は、取得原価から、その原価を費用として各会計期間に配分した金額を直接控除した残高である。

答案用紙 ▶

日付	／	／	／
✓			

(1) ☐ (2) ☐ (3) ☐ (4) ☐ (5) ☐ (6) ☐ (7) ☐

20 第3章 投資その他の資産

投資に含まれるもの

投資その他の資産の「投資」には、次のものが含まれます。

> 投資有価証券：満期保有目的債券、その他有価証券
> 関係会社株式：子会社株式、関連会社株式
> 投 資 建 物：賃貸目的で保有している建物
> 長 期 貸 付 金：1年を超えてから返済期限が到来する貸付金
> 長期定期預金：1年を超えてから満期となる定期預金

その他の資産とは？

その他の資産には、1年を超えて費用を前払いしたときに計上される「長期前払費用」があります。

この他にも「繰延税金資産」があります（㉚ 税効果会計で学習します）。

取 引 | 長期前払費用

期首に、5年分の地代500円（100円／年）を一括して支払っており、決算にさいし必要な仕訳を行う。なお支払時には、支払地代勘定で処理している。

| （借）前 払 費 用 | 100 | （貸）支 払 地 代 | 400 |
| 長 期 前 払 費 用 | 300 | | |

タイムテーブルにすると次のようになります。

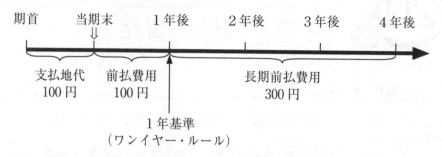

20 基本問題　投資その他の資産　　　　　　　　解答…P.283

次の文章について、正誤（○×）を答えなさい。

(1) 貸付金のうち、決算日の翌日から起算して1年を超えて期限が到来するものは、投資その他の資産に記載される。

(2) 投資その他の資産に記載される投資有価証券には、売買目的有価証券も含まれる。

(3) 投資有価証券は有形固定資産に該当する。

(4) 建物は投資その他の資産に該当する。

(5) 開発費は投資その他の資産に該当する。

(6) 長期前払費用は投資その他の資産に該当する。

(7) 特許権は投資その他の資産に該当する。

(8) 長期貸付金は投資その他の資産に該当する。

答案用紙

日付	／	／	／
✓			

(1) ☐　(2) ☐　(3) ☐　(4) ☐　(5) ☐　(6) ☐　(7) ☐　(8) ☐

費用なのに資産として計上できるものもあるんです

繰延資産

繰延資産とは？

　繰延資産とは、本来は費用であるにもかかわらず、将来の収益に対応させるため、会計上、特別に資産として計上することが認められたものをいいます。

　主な繰延資産には次のようなものがあります。

> 創立費：会社を設立するまでにかかった費用
> 開業費：会社の設立後、開業までにかかった費用
> 開発費：新技術の採用、新資源の開発等にかかった費用

　繰延資産の本質は費用なので、あくまでも原則は費用処理で、繰延資産処理は例外として認められているという点に注意しましょう。

繰延資産の処理

　創立費などの費用を支出したときは、支出した金額を「創立費」などの勘定科目で処理します。

　それでは、創立費を支出したときの仕訳をみてみましょう。

取　引	創立費の支出

会社の設立費用 3,000 円を現金で支払った。

（借）創　立　費	3,000	（貸）現　　　金	3,000

創立費などの費用を繰延資産として処理した場合には、決算において償却します。償却方法は無形固定資産の場合と同様で、残存価額をゼロとした定額法で、記帳方法は直接法です。

　繰延資産を償却するときの費用科目は、「創立費償却」など、繰延資産の名称に「償却」をつけた勘定科目を用います。

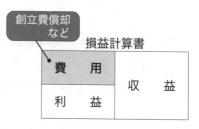

　最長の償却期間は以下のように決まっています。

繰延資産の償却期間
創立費：5年以内
開業費：5年以内
開発費：5年以内

　また、繰延資産とする費用を、期中に支出した場合の償却額は、有形固定資産を期中に取得した場合と同様、月割りで計算します。

取　引	創立費の支出

　決算において、創立費3,000円（当期の6月1日に支払ったもの）を償却期間5年で月割償却する。なお、会計期間は4月1日から3月31日までである。

(借)創 立 費 償 却	500	(貸)創　　立　　費	500

※　3,000円 ÷ 5年 × $\dfrac{10カ月}{12カ月}$ = 500円

㉑ 基本問題　繰延資産

解答…P.283

次の文章について、正誤（○×）を答えなさい。

(1)　開業費は、繰延資産に計上することができる。

(2)　会社設立後、営業開始までの開業準備のために支出した費用は、繰延資産に計上することができる。

(3)　開発費は、新技術・新経営組織の採用、資源の開発や市場の開拓のために特別に支出した費用のことである。

(4)　会社を設立するために要した費用は、繰延資産に計上することができる。

(5)　開発費は投資その他の資産に該当する。

(6)　貸借対照表において、繰延資産は、無形固定資産に記載される。

(7)　繰延資産は償却を行わない。

答案用紙

日付	/	/	/
✓			

(1) ☐　(2) ☐　(3) ☐　(4) ☐　(5) ☐　(6) ☐　(7) ☐

第3章

目的に応じた、さまざまな引当金

いろいろな引当金

引当金とは？

引当金とは、将来発生するかもしれない費用・損失の合理的な見積額のうち、当期の負担に属する金額を、当期の費用・損失としてあらかじめ計上するときの貸方項目をいいます。

引当金は、以下の要件をすべて満たしたときに計上されます。

<u>引当金の設定要件</u>
① 将来の特定の費用または損失に関するものであること。
② その発生が当期以前の出来事に起因していること。
③ 発生の可能性が高いこと。
④ 金額を合理的に見積もることができること。

貸倒引当金

当期に発生した売掛金などの債権に対して、次期以降に生じると予想される、貸倒れによる収入の減少に備えて引当金を設定し、<u>貸倒引当金</u>（資産のマイナス）で処理します。

Point

貸倒引当金の設定
　売掛金や受取手形などの代金のうち、回収不能額を見積もって、貸倒額（見積額）を費用計上すること
貸倒引当金の表示
　貸借対照表の資産の部に、債権を控除する形で表示する

貸倒引当金の表示方法

　貸倒引当金は、貸借対照表上の資産の部において、次のように控除します。

①間接控除方式（原則）

　　設定対象となる債権から、間接的に控除する形式です。

②直接控除注記方式（容認）

　　設定対象となる債権の金額から、貸倒引当金の金額を直接控除し、控除した金額を注記する形式です。

①間接控除方式	②直接控除注記方式
貸 借 対 照 表 Ⅰ　流 動 資 産 　　売 掛 金　300 　　貸倒引当金　20　280	貸 借 対 照 表 Ⅰ　流 動 資 産 　　売 掛 金　　　280 （注記：売掛金 280 は貸倒引当金 20 を控除した金額である。）

貸倒引当金繰入の表示区分

　売掛金、受取手形、電子記録債権などの営業債権に対する貸倒引当金繰入は、損益計算書上、販売費及び一般管理費の区分に表示し、貸付金などの営業外債権に対する貸倒引当金繰入は、損益計算上、営業外費用の区分に表示します。

貸 借 対 照 表	損 益 計 算 書
Ⅰ 流動資産 　売 掛 金　　××× 　貸倒引当金　△×××　××× Ⅱ 固定資産 　3 投資その他の資産 　　長期貸付金　××× 　　貸倒引当金　△×××　×××	Ⅲ販売費及び一般管理費 　貸倒引当金繰入　××× 　　　⋮ Ⅴ営業外費用 　貸倒引当金繰入　×××

退職給付引当金とは？

退職金は、従業員が入社してから退職するまで働いたことに対する報酬として支払うものなので、退職時に一括して費用とするのではなく毎期費用に計上するとともに、退職金の支払いに備えて<ruby>退職給付引当金<rt>たいしょくきゅうふ ひきあてきん</rt></ruby>(負債)を設定します。

退職給付引当金の処理

①設定時

当期繰入額を<ruby>退職給付費用<rt>たいしょくきゅうふ ひよう</rt></ruby>（費用）で処理するとともに、退職給付引当金（固定負債）を計上します。

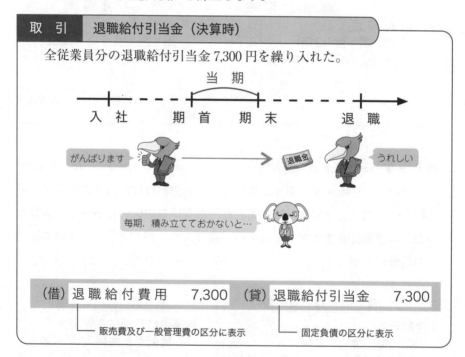

| 取　引 | 退職給付引当金（決算時） |

全従業員分の退職給付引当金 7,300 円を繰り入れた。

（借）退職給付費用　7,300　（貸）退職給付引当金　7,300

└── 販売費及び一般管理費の区分に表示　　└── 固定負債の区分に表示

②退職金の支払時

退職金を支払ったときは、<u>退職給付引当金</u>を取り崩します。

修繕引当金とは？

建物や備品などの固定資産は、機能を維持するため、定期的に修繕（メンテナンス）が必要です。

修繕引当金（負債）は、当期に行う修繕を延期したことに対して、次期以降に生じると予想される修繕費の支払いに備えて設定する引当金です。

そのうち、修繕が必要…

修繕するときに備えて設定します

修繕引当金の処理

①設定時

決算時には、当期繰入額を修繕引当金繰入（費用）で処理するとともに、修繕引当金（流動負債）を計上します。

取　引	修繕引当金（決算時）

決算において、修繕引当金 11,000 円を設定した。

（借）修繕引当金繰入　11,000　　（貸）修 繕 引 当 金　11,000

└── 販売費及び一般管理費の区分に表示　　　└── 流動負債の区分に表示

②修繕費の支払時

修繕費を支払ったときは、修繕引当金を取り崩します。このとき、支払った修繕費が修繕引当金の残高を超える場合は、その超過額を修繕費（販売費及び一般管理費）で処理します。

95

商品保証引当金とは？

　購入した電化製品などが壊れた場合、一定期間内（保証期間内）であれば、通常、無料で修理してもらうことができます。

これは購入者側からみた場合ですね。
販売者側では、次のように処理しています。

　<ruby>商品保証引当金<rt>しょうひん ほ しょうひきあてきん</rt></ruby>（負債）は、販売した商品に無料保証を付けている場合に、当期に販売した商品に対して、次期以降に生じると予想される修理代の支払いに備えて設定する引当金です。

修理の依頼来るかも…

修理するときに備えて
設定します

商品保証引当金の処理

①決算時

　決算時には、当期繰入額を<ruby>商品保証引当金繰入<rt>しょうひん ほ しょうひきあてきんくりいれ</rt></ruby>（費用）で処理するとともに、商品保証引当金（流動負債）を計上します。

取　引	商品保証引当金（決算時）

決算において、商品保証引当金5,200円を繰り入れた。

（借）商品保証引当金繰入	5,200	（貸）商品保証引当金	5,200

└── 販売費及び一般管理費の区分に表示　　└── 通常は流動負債の区分に表示

②修理時

　保証期間中に商品の修理をしたときは、修理代金を支払うとともに商品保証引当金を取り崩します。

賞与引当金の処理

<ruby>賞<rt>しょう</rt>与<rt>よ</rt>引<rt>ひき</rt>当<rt>あて</rt>金<rt>きん</rt></ruby>（負債）は、次期に従業員に対して支給する賞与のうち、当期が負担する部分について設定する引当金です。

①決算時

当期負担額を**賞与引当金繰入（費用）**で処理するとともに、賞与引当金（流動負債）を計上します。

取　引　　賞与引当金（決算時）

決算において、次期に支給予定の賞与 12,000 円のうち当期負担分 10,000 円を引当金として設定した。

（借）賞与引当金繰入　10,000　（貸）賞 与 引 当 金　10,000

└── 販売費及び一般管理費の区分に表示　　└── 流動負債の区分に表示

---

②賞与支給時

賞与を支給したときは、設定している**賞与引当金**を取り崩すとともに、当期負担分は**賞与（販売費及び一般管理費）**で処理します。

取　引　　賞与引当金（支給時）

従業員に対する賞与 12,000 円を当座預金口座から振り込んだ。なお、賞与引当金の残高は 10,000 円である。

（借）賞 与 引 当 金　10,000　（貸）当 座 預 金　12,000
　　　賞　　　　与　　 2,000

┌──────────────────────┐
│ 12,000 円− 10,000 円= 2,000 円 │
└──────────────────────┘

97

財務諸表における表示

　これらの引当金を設定したとき、貸借対照表と損益計算書の表示は次のようになります。

　（貸倒引当金の表示については 93 ページ参照。）

貸借対照表（単位：円）		損益計算書		（単位：円）
Ⅰ 流 動 負 債		Ⅰ　売上高		160,000
賞 与 引 当 金	10,000	Ⅱ　売上原価		
修 繕 引 当 金	11,000	1．期首商品棚卸高	40,000	
商品保証引当金	5,200	2．当期商品仕入高	100,000	
Ⅱ 固 定 負 債		合　計	140,000	
退職給付引当金	33,000	3．期末商品棚卸高	30,000	110,000
		売上総利益		50,000
		Ⅲ　販売費及び一般管理費		
		賞与引当金繰入	10,000	
		貸倒引当金繰入	20	
		修繕引当金繰入	11,000	
		商品保証引当金繰入	5,200	
		退職給付費用	7,300	33,520
		営 業 利 益		16,480

㉒ 基本問題　いろいろな引当金　　　　　　　　解答…P.284

(1)次の文章が説明する引当金を、語群より選んで答えなさい。

> 語群：賞与引当金、退職給付引当金、商品保証引当金
> 　　　修繕引当金、貸倒引当金

①建物や備品などの機能を維持するために、当期に行う修繕を延期したことに対し、次期以降に生じる修繕費の支払いに備えて設定する引当金。

②当期に販売した商品に対して無料保証を付けている場合に、次期以降に発生すると予想される修理代金の支払いに備えて設定する引当金。

③当期に発生した売掛金などの債権に対し、次期以降に発生すると予想される貸倒れによる収入の減少に備えて設定する引当金。

④当期に従業員が働いたことに対し、次期以降に発生する退職金の支払いに備えて設定する引当金。

⑤次期に従業員に対して支給する賞与のうち、当期が負担する部分について設定する引当金。

(2)次の文章について、正誤（○×）を答えなさい。

①受取手形や売掛金などの債権が回収不能になることを、貸倒れという。

②貸倒引当金は、貸借対照表において流動負債の区分に表示される。

③貸借対照表において、売掛金と貸倒引当金を相殺して残高のみを表示することは認められている。ただし、その場合はその旨の注記をすることが必要である。

答案用紙

日付	／	／	／
✓			

(1) ①　　　　　　　　　　　②

　　 ③　　　　　　　　　　　④

　　 ⑤

(2) ①□　②□　③□

社債

社債とは？

　会社は、社債券という有価証券を発行し、それを会社や個人など多くの人に買ってもらうことにより、資金を調達することができます。社債券によって調達した資金の返済義務のことを**社債**といいます。

　社債は、会社が長期間にわたって多額の資金を調達するときに利用されるため、貸借対照表上、基本的に**固定負債**に表示されます。

社債の満期日が決算日の翌日から1年以内に到来する場合は、「1年内償還社債」として流動負債の区分に表示します。

社債発行時の処理

　社債を発行したときは、払込金額で社債（固定負債）として処理します。

例　題	②社債の発行

次の資料にもとづき、社債発行時の仕訳を示しなさい。

(1)×1年4月1日に社債額面 10,000 円（年利2％、利払日は3月末日、償還期限4年）を額面 100 円につき 100 円で発行し、払込金額は当座預金口座に入金した。

(2)当期は×1年4月1日から×2年3月31日までである。

（借）当 座 預 金	10,000	（貸）社　　　　　　債	10,000

社債利息支払時の処理

社債利息を支払ったときは、**社債利息（営業外費用）**で処理します。なお、社債利息は**月割り**で計算します。

$$社債利息 ＝ 額面金額 × 利率 × \frac{社債の利用月数}{12\,カ月}$$

例 題 ③社債利息の支払い

次の資料にもとづき、×2年3月31日（利払時）の仕訳を示しなさい。

(1)×1年4月1日に社債額面10,000円（年利2％、利払日は3月末日、償還期限4年）を額面100円につき100円で発行している。なお、利息の支払いは当座預金口座を通じて行う。

(2)当期は×1年4月1日から×2年3月31日までである。

$$10,000\,円 × 2\% × \frac{12\,カ月}{12\,カ月} ＝ 200\,円$$

| (借)社 債 利 息 | 200 | (貸)当 座 預 金 | 200 |

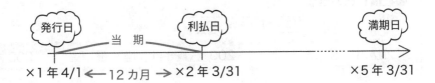

発行日　　　　　　利払日　　　　　　満期日

当　期

×1年4/1 ←—12カ月→ ×2年3/31　　　×5年3/31

満期償還の処理

　満期償還とは、社債の満期日に、額面金額で一括して償還する（買い戻す）ことをいいます。

例　題　④社債の満期償還

　次の資料にもとづき、×5年3月31日の社債償還時の仕訳を示しなさい。

(1)×1年4月1日に社債額面10,000円（年利2％、利払日は3月末日、償還期限4年）を額面100円につき100円で発行している。この社債の満期につき額面金額と最終回の利息を当座預金口座から支払い、償還した。

(2)当期は×4年4月1日から×5年3月31日までである。

●社債の処理

| （借）社　　　　債 | 10,000 | （貸）当　座　預　金 | 10,000 |

●社債利息の処理

10,000円×2％＝200円

| （借）社　債　利　息 | 200 | （貸）当　座　預　金 | 200 |

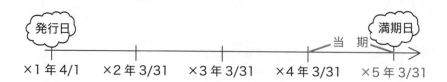

発行日				満期日
			当　期	
×1年4/1	×2年3/31	×3年3/31	×4年3/31	×5年3/31

次の文章について、正誤（○×）を答えなさい。

(1)　当社が発行した有価証券としての社債券は、資産として計上する。

(2)　社債は必ず固定資産に計上する。

(3)　社債に対する利息は、支払利息として表示する。

(4)　社債利息は、販売費及び一般管理費に区分される。

答案用紙

日付	／	／	／
✓			

(1) ☐　(2) ☐　(3) ☐　(4) ☐

24 第3章

株式を発行する側になると、どうなる？

株主資本

株式会社とは？

　会社の事業規模を拡大しようとすると、多額の資本（元手）が必要になります。

　そこで、会社は株式を発行し、その株式を多くの人に購入してもらい、資本を調達します。

　このように、株式を発行して、資本を調達する会社を株式会社といいます。また、株式を購入してくれた人（出資者）を株主といいます。

　株式会社では、出資者である株主は全国に数多くいますし、また、必ずしも会社を経営する能力のある人が株主になるわけではありません。そのため、会社の経営は、経営の専門家（取締役）に任せます。

　株式会社では、出資者と経営者が異なるため、経営者が出資者のことを考えずに経営を行うおそれがあります。

　そこで、株式会社では、特に重要な事項については、株主総会において株主が決定しなければならないというルールが設けられています。

一定の事項は、取締役会で決定できますが、決算書の承認などは株主総会で決定します。

株主資本の構成

　株式会社では、純資産の部の**株主資本**を次のように区分しています。各項目については、後でみていきます。

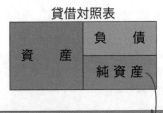

貸借対照表

資　産	負　債
	純資産

純　資　産　の　部
Ⅰ 株主資本
1 資　本　金 ……… 会社として維持しなければならないもの→配当不可
2 資本剰余金
⑴ 資　本　準　備　金 … 払い込まれた資本のうち、資本金としなかったもの 　　　　　　　　　　　　→配当不可
⑵ その他資本剰余金 … 資本準備金以外の資本剰余金→配当可能
3 利益剰余金
⑴ 利　益　準　備　金 … 利益を配当するさいに積立てが強制されているもの 　　　　　　　　　　　　→配当不可
⑵ その他利益剰余金 … 利益準備金以外の利益剰余金→配当可能 　　　任　意　積　立　金 … 会社が任意に積み立てたもの 　　　繰越利益剰余金 … 使いみちが決定していないもの（当期純利益を含む）

任意積立金は、
「配当平均積立金」、「修繕積立金」、「新築積立金」、
「別途積立金」など具体的な名称が記載されます。

株式発行の処理

　株式を発行したときは、払込金額のうち、どれだけの金額を資本金とするのか、という問題があります。資本金の額の処理には、①原則処理、②容認処理があります。

①原則処理

　原則処理では、株式の払込金額（1株あたりの払込金額×株式数）の全額を<u>資本金</u>（純資産）で処理します。

> 払込金額 ＝ 1株あたりの払込金額 × 株式数

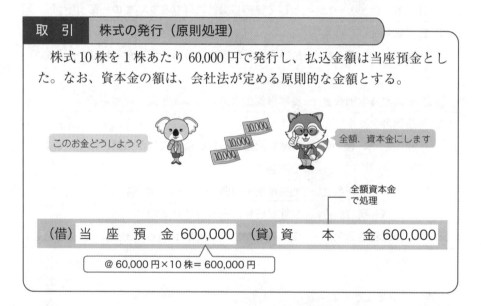

取　引　株式の発行（原則処理）

　株式10株を1株あたり60,000円で発行し、払込金額は当座預金とした。なお、資本金の額は、会社法が定める原則的な金額とする。

このお金どうしよう？

全額、資本金にします

全額資本金で処理

（借）当　座　預　金 600,000　（貸）資　　本　　金 600,000

@60,000円×10株＝600,000円

事業の拡張のために資金が必要な場合などに使われます。

②容認処理

　会社法では払込金額の2分の1までは、資本金としないことが認められています。

　資本金としなかった額は、<u>資本準備金</u>（純資産）で処理します。

取　引　　株式の発行（容認処理）

　株式10株を1株あたり60,000円で発行し、払込金額は当座預金とした。なお、資本金の額は会社法で認められる最低限度額とする。

 このお金どうしよう？  半分を資本金にして、残りを資本準備金にします

(借)当 座 預 金 600,000	(貸)資　　本　　金 300,000
	資 本 準 備 金 300,000

㉔ **基本問題　株主資本**　　解答…P.285

次の文章について、正誤（○×）を答えなさい。

(1)　株式を発行したときは、払込金額のうち2分の1までは資本準備金としなければならない。

(2)　株式を発行したとき、会社法では払込金額のうち2分の1までは資本金としないことが認められている。

(3)　株式10株を、1株当たり20,000円で発行し、払込金額を当座預金とした場合、会社法で認められる資本金とする最低限度額は80,000円である。

答案用紙

日付	/	/	/
✓			

(1) ☐　(2) ☐　(3) ☐

2つ以上の会社が集まって、1つの会社になる

合併による増資

合併とは？

　合併とは、複数の会社が1つの会社になることです。合併の目的は、会社の競争力を強くしたり、市場占有率（シェア）を拡大したりするためなど、さまざまです。

合併の方法

　A社とB社が合併する場合、B社が解散して、A社に吸収される形態の合併を吸収合併といいます。

　吸収合併において、A社のように存続する会社を存続会社、B社のように解散し、吸収される会社を消滅会社といいます。

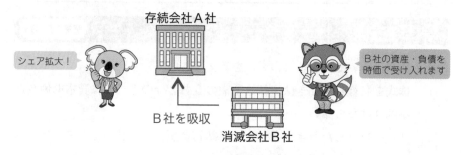

存続会社A社

シェア拡大！

B社の資産・負債を時価で受け入れます

B社を吸収

消滅会社B社

合併の処理

　存続会社が、消滅会社の資産と負債を、合併時の時価で取得したと考え、その対価として株式を発行します。

Point ▶ 存続会社の処理
　　①消滅会社の資産・負債を時価で受け入れる
　　②株式を発行する

　吸収合併に際して、株式10株（時価@ 4,000円）を発行し、全額を資本金とした。なお、この合併により受け入れた諸資産（時価）は100,000円、諸負債（時価）は60,000円であった。

この取引では、「受け入れた純資産（資産－負債）」と「増加した資本金等（対価として交付した株式の金額）」が同額ですが、「受け入れた純資産」と「増加した資本金等」の金額に差が生じることがあります。

　　①受け入れた純資産 ＜ 増加した資本金等

　　　→ 差額は、**のれん**（無形固定資産）で処理

　　②受け入れた純資産 ＞ 増加した資本金等

　　　→ 差額は、**負ののれん発生益**（特別利益）で処理

　吸収合併に際して、株式12株（時価@ 4,000円）を発行し、全額を資本金とした。なお、この合併により受け入れた諸資産（時価）は100,000円、諸負債（時価）は60,000円であった。

（借）諸　　資　　産	100,000	（貸）諸　　負　　債	60,000
の　　れ　　ん	8,000	資　　本　　金	48,000

貸借差額 ──┘

@ 4,000円×12株＝ 48,000円

純資産40,000円の会社の取得に48,000円の株式を発行するのは、差額分の「より儲ける力（のれん）」があると考えているためです。

　吸収合併にさいして、株式9株（時価@4,000円）を発行し、全額を資本金とした。なお、この合併により受け入れた諸資産（時価）は100,000円、諸負債（時価）は60,000円であった。

@4,000円×9株＝36,000円

（借）諸　　資　　産	100,000	（貸）諸　　　負　　　債	60,000
		資　　本　　金	36,000
		負ののれん発生益	4,000

貸借差額

　なお、株式を発行するのではなく、現金などを支払って他社や他社の事業部門を取得することを買収といいますが、基本的な処理は合併と同じです。

㉕ 基本問題　合併による増資

解答…P.285

次の文章について、正誤（○×）を答えなさい。

(1) のれんは有形固定資産に該当する。

(2) のれんは、他社から営業を譲り受けた際に、相手方に対して対価として支払われた金額が受け入れた純資産の額を下回る額である。

(3) 他社から営業を譲り受けた際に、相手方に対して対価として支払われた金額が受け入れた純資産の額を下回る金額は負ののれん発生益を計上する。

(4) 負ののれん発生益は貸借対照表の純資産の部に計上する。

(5) 他社または他社の事業部門などを買い取り、対価として現金を支払うことを吸収合併という。

答案用紙

日付	/	/	/
✓			

(1) ☐　(2) ☐　(3) ☐　(4) ☐　(5) ☐

剰余金の使いみちは、さまざま

剰余金の処分

剰余金の処分とは？

株式会社では、会社が稼いだ利益（繰越利益剰余金）は、出資者である株主のものなので、稼いだ利益の使いみちを株主に承認してもらう必要があります。

この利益の使いみちを決めることを剰余金の処分といい、特に、株主への配当金の支払いを剰余金の配当といいます。

剰余金の処分の流れ

剰余金の処分の流れは、次のとおりです。

Step 1 　**決算において、利益が確定**
損益勘定で計算された当期純利益を、<u>繰越利益剰余金（株主資本のその他利益剰余金）</u>に振り替えます。

Step 2 　**株主総会において、剰余金の処分の承認**
株主総会などにおいて、剰余金の配当・処分の承認を得ます。

Step 3 　**配当金の支払い**
株主総会の決議どおりに配当金を支払います。

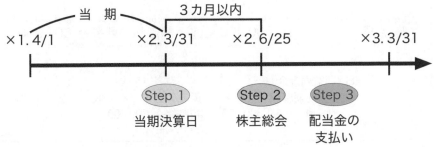

剰余金の処分の処理

　剰余金の処分の①決算時、②株主総会時、③配当金の支払時の処理を
みていきましょう。

Step 1　決算時

　　損益勘定で計算された当期純利益を、<u>繰越利益剰余金</u>（純資産）
に振り替えます。

貸 借 対 照 表

資 産 の 部	負 債 の 部
	純 資 産 の 部
	Ⅰ 株 主 資 本
	1 資 本 金
	2 資本剰余金
	⑴ 資 本 準 備 金
	⑵ その他資本剰余金
	3 利益剰余金
	⑴ 利 益 準 備 金
	⑵ その他利益剰余金
	別 途 積 立 金
	繰越利益剰余金

当期純利益を振り替えると、繰越利益剰余金が増加します。

取 引	当期純利益の計上

　当期の決算において、当期純利益は 600,000 円と計算された。

（借）損　　　　　　益 600,000　（貸）繰越利益剰余金 600,000

繰越利益剰余金		損　　　　益		
前期繰越 ××		費　用 ××	収　益 ××	
損　益 600,000 ←	繰越利益剰余金 当期純利益 600,000			

Step 2 株主総会時

　株主総会において、剰余金の配当・処分が決定すると、確定した項目に振り替えます。

●株主への配当

　株主総会において、配当金額が確定したら、<u>繰越利益剰余金</u>を減らします。なお、このときは、まだ支払いが行われていないので、<u>未払配当金</u>（流動負債）で処理します。

●準備金の積立

　会社法の規定により、剰余金の配当時に、資本準備金と利益準備金の合計額が、資本金の４分の１に達するまで、配当金の 10 分の１を準備金として積み立てることが強制されています。

「シイ（4）本金の $\frac{1}{4}$ に達するまで、配トー（10）金の $\frac{1}{10}$ を積立てる」と覚えましょう。

　会社が稼いだ利益を、すべて配当として社外に流出してしまうと、会社に利益が残らないことになります。そうすると、債権者への返済にあてる分が、少なくなってしまいます。そこで、債権者を保護するため、準備金の積立てが強制されているのです。

　具体的な準備金の積立額の計算は、次のように考えると理解しやすくなります。

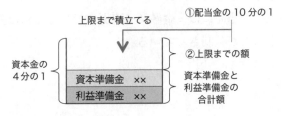

資本金の $\frac{1}{4}$ のサイズのビーカーがいっぱいになるまで、水を注ぐイメージです。いっぱいになったら、それ以上は注ぎません。

取　引	剰余金の配当と準備金の積立て

　定時株主総会を開催し、剰余金の処分を次のとおり決定した。なお、株主配当金は 500,000 円（配当財源は繰越利益剰余金）、資本金は 1,000,000 円、資本準備金は 70,000 円、利益準備金（積立前）は 60,000 円である。会社法に規定されている準備金を積み立てる。

（借）繰越利益剰余金 550,000	（貸）未 払 配 当 金 500,000
	利 益 準 備 金　50,000

①配当金の 10 分の 1：500,000 円 × $\dfrac{1}{10}$ = 50,000 円

②上限までの額：1,000,000 円 × $\dfrac{1}{4}$ － （70,000 円 + 60,000 円） = 120,000 円

③利益準備金の積立額：① ＜ ② → ① 50,000 円

Step 3　　配当金の支払時
　　　　　配当金を支払ったときは、**未払配当金**を減らします。

㉖ 基本問題　剰余金の処分　　　解答…P.286

次の文章について、正誤（○×）を答えなさい。

(1)　決算で計算された当期純利益は繰越利益剰余金へ振り替えられる。

(2)　株式会社では、会社が稼いだ利益の使いみちは、株主総会で株主の承認を得なければならない。

(3)　剰余金の配当時には、金融商品取引法で規定された金額の準備金を積み立てることが強制されている。

答案用紙

日付	/	/	/
✓			

(1) ☐　(2) ☐　(3) ☐

27 第3章

自己株式

自己株式とは？

　自己株式とは、自社が発行した株式を、自社で取得したときに処理する科目です。

> 会社が想定する株価に比べて、市場の株価が低いときなどに、株式の需給調整を目的として行われます。

自己株式の会計処理

(1)自己株式を取得したとき

　自己株式を取得した場合は、取得原価で「自己株式」として処理します。なお、自己株式は資本の払戻しと考えて、貸借対照表の純資産の部における株主資本の区分の末尾に、控除形式（マイナスをつける形式）で表示します。

　また、取得に要した費用は支払手数料（営業外費用）で処理します。

```
貸借対照表
                :
            純資産の部
 Ⅰ．株主資本
　1．資本金
　2．資本剰余金
　　(1)資本準備金
　　(2)その他資本剰余金
　3．利益剰余金
　　(1)利益準備金
　　(2)その他利益剰余金
　　　繰越利益剰余金
　4．自己株式        △　××
```

株式の発行は純資産の増加となるので、その逆に
自己株式の取得は純資産から控除すべきということなんですね。

例　題　⑤自己株式の取得

　自己株式5株を@1,000円で取得し、そのさいの手数料20円とともに、小切手を振り出して支払った。

@1,000円×5株＝5,000円

| （借）自　己　株　式 | 5,000 | （貸）当　座　預　金 | 5,020 |
| 支　払　手　数　料 | 20 | | |

- - - 営業外費用

他社の株式を取得したときは、手数料は取得原価に算入しましたよね。自己株式の場合は営業外費用で処理することに注意！
こうすることで、支払手数料を純資産から控除してしまうことを回避します。

⑵決算時の処理

　期末に保有している自己株式については、評価替えを行いません。したがって、決算時にはなんの処理も行いません。

㉗ 基本問題　自己株式

解答…P.286

次の文章について、正誤（○×）を答えなさい。

⑴　自己株式は、有価証券として資産に計上する。

⑵　自己株式の取得に要した費用は、取得原価に算入する。

⑶　自己株式は、純資産の部の株主資本の区分に表示する。

答案用紙

日付	／	／	／
✓			

(1) ☐　(2) ☐　(3) ☐

わたし、家なき子。どうか引き取って…。

評価・換算差額等

評価・換算差額等とは？

評価・換算差額等とは、純資産の「株主資本」の区分の次に、資産の評価差額などを計上する区分であり、「その他有価証券評価差額金」や「土地再評価差額金」が表示されます。

「その他有価証券評価差額金」については既に学習していますので（⑮ 参照）、ここでは「土地再評価差額金」についてみていきます。

```
貸借対照表
                 負 債 の 部
                    ⋮
                 純資産の部
  Ⅰ．株主資本

  Ⅱ．評価・換算差額等
      その他有価証券評価差額金      300
      土地再評価差額金          2,000
```

土地再評価差額金

企業が事業用の土地を再評価したさいに生じた、取得原価と時価との差額を土地再評価差額金として計上します。

取 引	土地再評価差額金

当社は「土地の再評価に関する法律」にもとづき、事業に用いている土地の再評価を行ったところ、取得原価 1,000 円の土地の時価が 3,000 円であることが分かった。

（借）土　　　　地	2,000	（貸）土地再評価差額金	2,000

取得原価と時価が大きく乖離したときに、法律にもとづいて、土地を時価評価することがあります。

　その他有価証券評価差額金や土地再評価差額金は、特定の資産項目（その他有価証券・土地）を時価評価し、時価が上昇していた際に貸方に計上される項目です。

　これらは、当期の損益（利益）として処理することが適切ではないため、損益計算書を経由する（当期純利益を構成する）ことなく、直接、純資産の部の『評価・換算差額等』に入れて（直入）表示されます。

「行先のないものは、全部、純資産に放り込まれる。純資産はごみ箱みたいなもんだ。」と、とある有名教授がおっしゃっていました。まさしく。

㉘ 基本問題　評価・換算差額等 解答…P.286

次の文章について、正誤（○×）を答えなさい。

(1)　その他有価証券を時価評価した際に生じる簿価との評価差額は、株主資本の区分に表示される。

(2)　その他有価証券評価差額金は、損益計算書の特別利益に計上される。

(3)　その他有価証券評価差額金は、その他有価証券を時価評価した際の簿価と時価との差額であり、貸借対照表に計上される。

(4)　評価・換算差額等の区分は、その他有価証券評価差額金や土地再評価差額金などが表示される。

答案用紙

日付	／	／	／
✓			

(1) ☐　(2) ☐　(3) ☐　(4) ☐

29 第3章 新株予約権

新株予約権とは?

新株予約権とは、株式をあらかじめ決められた金額(権利行使価額)で買うことができる権利をいいます。したがって、新株予約権を取得した人(新株予約権者)が会社に対してその権利を行使したときは、会社は株式を引き渡すことになります。

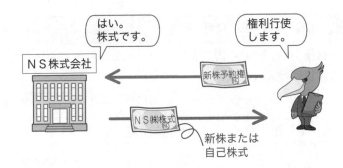

商標権や特許権といった会社の持つ権利ではなく、新株予約権は出資者(新株予約権者)にとっての権利です。

新株予約権の流れ

新株予約権は、まず、会社が①新株予約権を発行するところからはじまります。次に、新株予約権を買った人は、一定期間内に会社に対して②権利行使(「株式を発行してくれ」ということ)をし、それに応じて会社が株式を発行します。

新株予約権の発行時の処理

新株予約権を発行したときは、**新株予約権の払込金額を新株予約権（純資産）として処理します。**

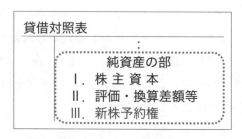

貸借対照表
⋮
純資産の部
Ⅰ．株主資本
Ⅱ．評価・換算差額等
Ⅲ．新株予約権

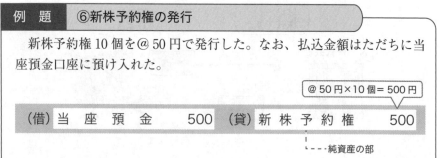

例　題　　⑥新株予約権の発行

新株予約権 10 個を @ 50 円で発行した。なお、払込金額はただちに当座預金口座に預け入れた。

@ 50 円×10 個 = 500 円

（借）当　座　預　金　　　500　（貸）新　株　予　約　権　　　500

- - - 純資産の部

新株予約権の権利行使時の処理

新株予約権の権利が行使されたときは、原則として**新株予約権の発行時の払込金額と権利行使価額の合計を、資本金として処理します。**

はい。
新株です。

ＮＳ株式会社

全額資本金
（原則処理）

新株予約権

権利行使
価額

権利行使
します。

ＮＳ㈱株式

また、新株予約権の権利が行使されると、**新株予約権がなくなるとと**もに、**権利行使価額が払い込まれます**。したがって、新株予約権の減少の処理などを行います。

例 題	⑦新株予約権の行使

1個@50円で発行した新株予約権のうち、6個について権利行使を受けたため、新株を発行する。新株は新株予約権1個につき1株を発行し、行使価額である1株につき200円の払込みを受け、ただちに当座預金口座に預け入れた。

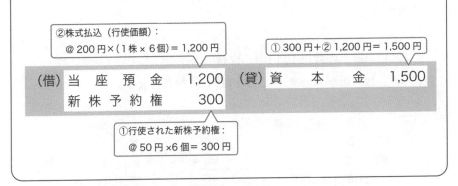

②株式払込（行使価額）：
@200円×（1株×6個）= 1,200円

①300円+②1,200円= 1,500円

（借）	当 座 預 金	1,200	（貸）	資 本 金	1,500
	新 株 予 約 権	300			

①行使された新株予約権：
@50円×6個= 300円

㉙ 基本問題　新株予約権

解答…P.287

次の文章について、正誤（○×）を答えなさい。

(1)　新株予約権は、株主資本の区分に表示される。

(2)　新株予約権は、貸借対照表において純資産の部に記載される。

答案用紙

日付	／	／	／
✓			

(1) ☐　(2) ☐

会計上、あるべき法人税等の金額に調整する

税効果会計

税効果会計とは？

損益計算書で計算される会計上の収益・費用と、税務上の収益（益金）・税務上の費用（損金）は一致するとは限りません。この差異によって、会計上の税引前当期純利益と、税務上の利益である課税所得も異なってきます。

（例）会計上の費用10円が、税務上、損金として認められなかった場合（税率30%）→この10円に課税されます。

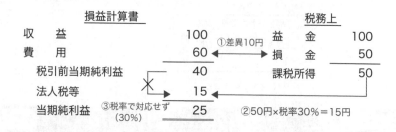

損益計算書		税務上	
収　　益	100	益　　金	100
費　　用	60	損　　金	50
税引前当期純利益	40	課税所得	50
法人税等	15		
当期純利益	25		

①差異10円
②50円×税率30%＝15円
③税率で対応せず（30%）

税効果会計とは、税引前当期純利益と法人税等を対応させるために、法人税等の金額を調整する手続きです。

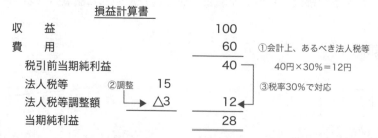

損益計算書		
収　　益		100
費　　用		60
税引前当期純利益		40
法人税等	②調整 15	
法人税等調整額	△3	12
当期純利益		28

①会計上、あるべき法人税等
40円×30%＝12円
③税率30%で対応

法人税等の金額を調整するさい、「法人税等調整額」を用います。なお、説明の便宜上、「法人税、住民税及び事業税」を「法人税等」としています。

Point

法人税等

「法人税、住民税及び事業税」をまとめた言い方

法人税等調整額

　税務上計算される法人税等の金額と、会計上計算される法人税等の金額の差額を調整する項目

取　引　差異の発生時

　第1期末において、会計上、売掛金に対して貸倒引当金繰入10円を計上したが、税法上、損金に算入することが認められなかった。税率は30%である。

損益計算書		税務上	
収　　益	100	益　金	100
費　　用	60	損　金	50
税引前当期純利益	40		50
法人税等	15		
法人税等調整額	△3　　12	×30%	
当期純利益	28		

差異発生時の仕訳

(借) 繰延税金資産	3	(貸) 法人税等調整額	3

差異10円×税率30%＝3円

　税金は、税法に従って計算し支払うので、差額の分は**法人税等の前払い**を行ったとして考え、**繰延税金資産**（固定資産・投資その他の資産）を借方に計上します。また、相手勘定は**法人税等調整額**（その他）を用いて、法人税等を調整します。

法人税等調整額は、損益計算書上の法人税等の次に記入し、税務上の法人税の金額を、会計上の法人税等の金額に調整します。

123

第2期に売掛金が貸倒れたため、第1期の貸倒引当金繰入10円が税法上、損金に算入することが認められた。

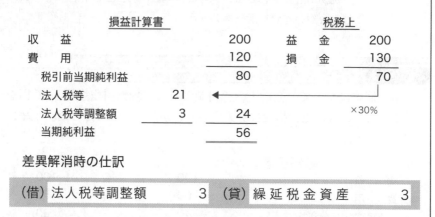

損益計算書			税務上	
収　　益		200	益　　金	200
費　　用		120	損　　金	130
税引前当期純利益		80		70
法人税等	21			
法人税等調整額	3	24	×30%	
当期純利益		56		

差異解消時の仕訳

（借）法人税等調整額	3	（貸）繰 延 税 金 資 産	3

差異の解消年度においては、差異の発生年度に行った仕訳の**貸借逆の**仕訳を行います。

貸借対照表上、繰延税金資産は「投資その他の資産」、繰延税金負債は「固定負債」の区分に表示します。

その他有価証券による差異

　その他有価証券は、会計上、期末に時価で評価しますが、税務上は、時価への評価替えを認めていません。そのため、**会計上のその他有価証券の金額（時価）と税務上の金額（取得原価）の差**が、差異となります。

　ただし、**全部純資産直入法では、評価差額が損益に計上されない（純資産の部に計上される）**ため、法人税等調整額を用いません。

　そこで、評価差額のうち、税金相当額を<u>繰延税金資産</u>または<u>繰延税金負債</u>で処理し、残額を、<u>その他有価証券評価差額金</u>（純資産）で処理します。

取　引	その他有価証券

　その他有価証券について、全部純資産直入法により評価替えする。なお、法人税等の法定実効税率は30％である。

	取得原価	期末時価
A社株式	1,000 円	1,100 円
B社株式	1,500 円	1,400 円

A社株式

$$(1,100 円 - 1,000 円) \times 30\% = 30 円$$

（借）その他有価証券	100	（貸）繰延税金負債	30
		その他有価証券評価差額金	70

$$(1,100 円 - 1,000 円) - 30 円 = 70 円$$

B社株式

（借）繰延税金資産	30	（貸）その他有価証券	100
その他有価証券評価差額金	70		

繰延税金負債は、税金の未払い分を意味しています。将来の株式の売却時に、売却益に対して税金がかかってくるからです。

㉚ 基本問題　税効果会計

次の文章について、正誤（○×）を答えなさい。

(1) 税効果会計により、繰延税金資産または繰延税金負債が損益計算書に計上される。

(2) 法人税、住民税及び事業税のことを、法人税等調整額という。

(3) 法人税等調整額とは、税務上の課税額と会計上の税額の差額を調整する際に損益計算書に計上される項目である。

答案用紙

日付	／	／	／
✓			

(1) ☐ (2) ☐ (3) ☐

第4章の解説動画は
こちら

キャッシュ・フロー計算書

　簿記を学習している人に「会社が倒産する原因は？」と尋ねると、多くの人から「赤字（損失）になったから」という答えが返ってきます。確かに、赤字も原因の1つですが、倒産の最も直接的な要因は「支払うお金がなくなったから」です。

　ですから、企業は**「手元に資金がどれだけあるのか」**をとても気にします。その資金の動きを表すのが**キャッシュ・フロー計算書**です。

　それでは、キャッシュ・フロー計算書と貸借対照表や損益計算書との関連性をみてみましょう。

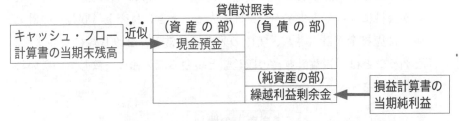

　キャッシュ・フロー計算書の当期末残高は、貸借対照表の現金預金の金額に近似します。また、損益計算書の当期純利益は、貸借対照表の繰越利益剰余金を構成します。

キャッシュ・フロー計算書は、企業の信用の根源である「資金創出力」を示す計算書です。

31 第4章 キャッシュ・フロー計算書

キャッシュ・フロー計算書とは？

　キャッシュ・フロー計算書とは、一会計期間におけるキャッシュ（資金）の動きを表す計算書をいいます。

> **Point ▶**
> キャッシュ・フロー計算書
> 一会計期間におけるキャッシュ（資金）の動きを表す書類

　会社は、経営の失敗によって損失を計上して倒産すると考えられがちですが、利益が出ている会社でも、資金がなくて返済不能におちいり、倒産することがあります。

　これを黒字倒産といいます。

　たとえば、商品を現金で売っていれば売上（収益）の計上と同時に現金が会社に入ってきますが、掛けで売ったときには売上（収益）の計上時には売掛金が計上され、実際の入金は通常１、２カ月後になります。ということは、損益計算書の収益額と現金の流入額は一致していないことになります。

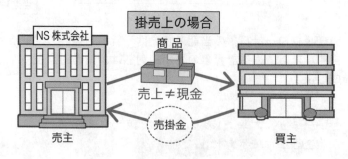

また、費用についても同様にタイムラグがあり、損益計算書に計上された費用額と現金の流出額は、通常一致しません。

したがって、損益計算書上で利益が生じていても、実際には会社にキャッシュ（資金）が残っていないこともあるのです。そこで、キャッシュ・フロー計算書の作成が必要となるのです。

キャッシュ・フロー計算書には、キャッシュ（資金）の増減のみを記載するため、キャッシュの増減をともなわない取引は記載対象になりません。

キャッシュの範囲

キャッシュ・フロー計算書における**キャッシュ（資金）**とは、現金及び現金同等物のことをいいます。

現金とは、手許現金（千円札や壱万円札のように、会社の金庫などにある現金）および要求払預金（**普通預金**や**当座預金**など、事前に銀行に通知することなく、いつでも引き出せる預金や、事前通知後、数日で引き出せる**通知預金**など）をいいます。

要求払預金も、銀行に行けばすぐに現金が手に入るので、キャッシュ・フロー計算書では現金の仲間です。

また、現金同等物とは、すぐに換金可能で、かつ価値の変動について少しのリスクしか負わない短期の投資などをいいます。

　現金同等物には、取得日から満期日（または償還日）までの期間が3カ月以内の短期投資である定期預金、譲渡性預金などがあります。

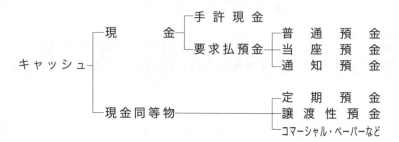

キャッシュの内容は、企業ごとに微妙に異なる可能性があるため、
その範囲を注記することがルールとなっています。

譲渡性預金とは、他人に譲渡できる預金をいい
コマーシャル・ペーパーとは手形貸付金のイメージです。

キャッシュ・フロー計算書の構造

　会社は、売上代金を回収する、仕入代金を支払う、固定資産を買う・売る、お金を借りる・返すなどいろいろな活動をしています。そして、これらの活動によって会社のキャッシュ（資金）が増減しています。

　キャッシュ・フロー計算書では、これらの会社の活動にともなうキャッシュ（資金）の増減を、営業活動によるキャッシュ・フロー、投資活動によるキャッシュ・フロー、財務活動によるキャッシュ・フローの3つに区分して表示し、それぞれの活動ごとにキャッシュの当期の増減額を計算します（Ⅰ～Ⅲ）。Ⅰ～Ⅲで求めた当期の増減額の合計（Ⅳ）を、キャッシュの期首残高（Ⅴ）に加減して、当期末の残高（Ⅵ）を計算する構造になっています。

キャッシュ・フロー計算書

Ⅰ.	営業活動によるキャッシュ・フロー	××
Ⅱ.	投資活動によるキャッシュ・フロー	××
Ⅲ.	財務活動によるキャッシュ・フロー	××
Ⅳ.	現金及び現金同等物の増加額（減少額）	××
Ⅴ.	現金及び現金同等物の期首残高 （＋）	××
Ⅵ.	現金及び現金同等物の期末残高	××

キャッシュ

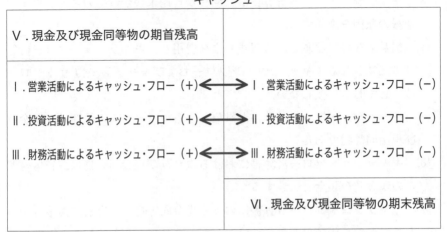

それぞれの活動区分については、次に説明していきます。

次の文章について、正誤（○×）を答えなさい。

(1) キャッシュ・フロー計算書の役割の1つは、企業の現金創出能力を示すことである。

(2) キャッシュ・フロー計算書とは、一会計期間におけるキャッシュ・フローの状況を表示する計算書である。

(3) キャッシュ・フロー計算書は、期首から期末にかけてのキャッシュの増減の原因を説明する。

(4) 損益計算書に記載される収益および費用と、キャッシュ・フロー計算書に記載されるキャッシュ・インフローおよびキャッシュ・アウトフローは、必ずしも一致しない。

(5) キャッシュ・フロー計算書が対象とするキャッシュの範囲は、現金及び現金同等物である。

(6) キャッシュ・フロー計算書における現金及び現金同等物は、貸借対照表の現金及び預金と一致する。

(7) キャッシュ・フロー計算書における現金同等物は、容易に換金可能であり、かつ、価値の変動についてわずかなリスクしか負わない短期の投資をいう。

(8) キャッシュ・フロー計算書における、現金同等物に何を含めているかは、財務諸表の注記に記載される。

(9) 市場性のある株式は、現金及び現金同等物に含まれる。

答案用紙

日付	／	／	／
✓			

(1) ☐　(2) ☐　(3) ☐　(4) ☐　(5) ☐　(6) ☐　(7) ☐　(8) ☐

(9) ☐

32 第4章

営業活動によるキャッシュ・フロー

営業活動によるキャッシュ・フローに記載するもの

　営業活動によるキャッシュ・フローの区分には、商品の売上、商品の仕入、給料の支払いなど、**損益計算書の営業損益計算の対象となる取引**のほか、損害賠償金の支払いなど、**投資活動にも財務活動にも属さない取引**によって増減した資金の額を記載します。

Point ▶ 営業活動によるキャッシュ・フロー

営業損益計算の対象となる取引から生じたキャッシュ・フロー	・商品や役務（サービス）の販売による収入
	・商品や役務（サービス）の購入による支出
	・従業員や役員に対する報酬の支払い　など
投資活動、財務活動以外の取引から生じたキャッシュ・フロー	・災害による保険金収入
	・損害賠償金の支払い
	・法人税等　など

営業活動によるキャッシュ・フローの表示

　営業活動によるキャッシュ・フローの表示方法には、直接法と間接法の2つの方法があります。

　直接法と間接法の2つの表示方法があるのは営業活動によるキャッシュ・フローの区分のみ（「小計」まで）です。「小計」より下は、どちらの方法によって記入しても同じになります。

営業活動によるキャッシュ・フロー（直接法）

　直接法では、営業収入や商品の仕入のための支出、人件費支出など、主な取引ごとに収入総額と支出総額を算定して表示します。

　たとえば、当期に掛売上が 100 円あっても、回収された金額が 60 円のときは、営業収入は 60 円と算定し、表示します。

収入と支出でキャッシュ・フローを算定する方法です。
家計簿のイメージですね。

キャッシュ・フロー計算書（直接法）	
Ⅰ．営業活動によるキャッシュ・フロー	
ⓐ営業収入	××
ⓑ原材料又は商品の仕入支出	××
ⓒ人件費支出	××
ⓓその他の営業支出	××
小　計	××
ⓔ法人税等の支払額	××
営業活動によるキャッシュ・フロー	××

具体例を見ながら、営業活動によるキャッシュ・フロー（直接法）の記入の仕方を見ていきましょう。

　次の資料にもとづき、直接法によるキャッシュ・フロー計算書（営業活動によるキャッシュ・フローまで）を作成しなさい（単位：円）。

　受取配当金にかかるキャッシュ・フローは投資活動によるキャッシュ・フローの区分に表示する（本書では説明省略）。

　商品の売買はすべて掛けで行っている。

　損益計算書と貸借対照表は次のとおりである（単位：円）。

貸借対照表

	前　期	当　期	増減額
現　　　　　金	300	455	155
売　掛　金	600	450	△150
貸倒引当金	△150	△300	△150
商　　　　　品	600	800	200
建　　　　　物	2,400	2,400	0
減価償却累計額	△300	△600	△300
資　産　合　計	3,450	3,205	△245
買　　掛　　金	750	450	△300
資　　本　　金	1,800	1,800	0
利　益　準　備　金	150	255	105
繰越利益剰余金	750	700	△50
負債・純資産合計	3,450	3,205	△245

損益計算書

売　　上　　高	3,340
売　上　原　価	1,800
売上総利益	1,540
貸倒引当金繰入	150
給　　　　料	900
減　価　償　却　費	300
その他の費用	150
営　業　利　益	40
受　取　配　当　金	60
税引前当期純利益	100
法　人　税　等	45
当　期　純　利　益	55

ⓐ　営業収入

　営業収入とは、**売掛金や受取手形の回収額**をいいます。本問では、商品売買はすべて掛けにて行っているため、次のボックス図の当期回収額（3,490円）が営業収入となります。

●営業収入：3,490円

ⓑ 商品の仕入支出

　仕入支出とは、商品代金の支払額、つまり**買掛金や支払手形の支払**額をいいます。本問では、商品売買はすべて掛けにて行っているため、次のボックス図の当期支払額（2,300円）が仕入支出となります。

> この例のように、当期仕入高が資料に与えられない（売上原価だけ与えられる）こともあるので、商品のボックス図も描いておきましょう。

③これが仕入支出
750円 + 2,000円 − 450円 = 2,300円

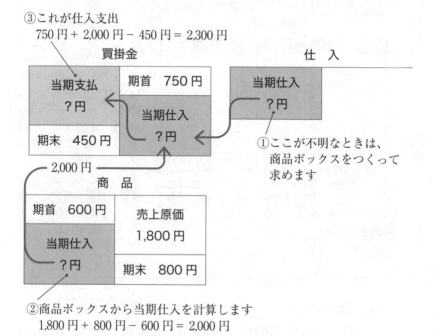

②商品ボックスから当期仕入を計算します
1,800円 + 800円 − 600円 = 2,000円

●商品の仕入支出：2,300円

ⓒ 人件費支出

人件費支出には、従業員や役員の給料や報酬、賞与などが含まれます。なお、前払いの人件費は計算に含め、未払いの人件費は含めません。

前払い…お金を払っている→支出
未払い…お金を払っていない→支出ではない
ということですね。

この例題では、前払いや未払いがないので、
人件費の支出は 900 円（P/L 給料）ですね！

● 人件費支出：900 円

ⓓ その他の営業支出

商品の仕入支出、人件費支出以外の営業活動にかかる支出を合計して記入します。なお、減価償却費や貸倒引当金繰入は、支出をともなわない費用（非資金損益項目）なので、計算には含めません。

この例題では 150 円（P/L その他の費用）ですね！

● その他の営業支出：150 円

ⓔ 投資活動、財務活動いずれにも属さない項目

営業活動によるキャッシュ・フローの区分には、営業活動によるキャッシュ・フローだけでなく、投資活動にも財務活動にも属さない取引によるキャッシュ・フロー（法人税等の支払額の他、損害賠償金の受払額など）も記載されます。

これらのことをふまえて、直接法によるキャッシュ・フロー計算書をつくると次のとおりです。

キャッシュ・フロー計算書（直接法）		
Ⅰ．営業活動によるキャッシュ・フロー		
営業収入	ⓐ	3,490
商品の仕入支出	ⓑ	△ 2,300
人件費支出	ⓒ	△ 900
その他の営業支出	ⓓ	△ 150
小　計		140
法人税等の支払額	ⓔ	△ 45
営業活動によるキャッシュ・フロー		95

P/L その他の費用

その他の項目

このときの「小計」の額は「キャッシュ・フロー上の営業利益」に相当するといわれている重要な金額です。

営業活動によるキャッシュ・フロー（間接法）

　営業活動によるキャッシュ・フローを間接法によって作成する場合、損益計算書の税引前当期純利益をベースに、次の **A**〜**C** の調整をして「小計」を算定します。

　なお、小計以下は直接法と同じです。

税引前当期純利益から始めるのは、小計の下で税金の支払額を差し引くためです。

会社にとってキャッシュの動きは1つですから、直接法でも間接法でも、小計や、最終的な営業活動によるキャッシュ・フローの金額は同じになります。

キャッシュ・フロー計算書（間接法）	
Ⅰ. 営業活動によるキャッシュ・フロー	
税引前当期純利益	1,000
A 減価償却費	100
貸倒引当金の増加額	20
B 受取利息及び受取配当金	△ 60
支払利息	70
有形固定資産売却益	△ 80
C 売上債権の増加額	△ 200
棚卸資産の減少額	100
仕入債務の減少額	△ 150
小　計	××
損害賠償金の受払額	××
法人税等の支払額	××
営業活動によるキャッシュ・フロー	××

税引前当期純利益から
スタート
（数値は一例です）

1,120

投資活動、財務活動
以外の取引から生じ
るキャッシュ・フロー
はここに記載
（小計以下は直接法と
同じになります）

A　非資金損益項目

　減価償却費や貸倒引当金繰入は、損益計算上、費用計上されていますが、実際に現金などを支払った（キャッシュが流出した）わけではありません。したがって、このような項目（非資金損益項目）は、税引前当期純利益に加算します。

> たとえば、減価償却費の仕訳は
> （借）減価償却費　××　（貸）減価償却累計額　××
> です。資金の流出はありませんよね。

　なお、ここまでの金額（1,120 円）は、キャッシュ・フロー上の税引前当期純利益を意味しています。

B 損益計算書の営業外損益、特別損益の項目

　営業活動によるキャッシュ・フローの区分（小計より上）は、損益計算書の営業損益区分のキャッシュ・フロー版です。

　したがって、キャッシュ・フロー上の税引前当期純利益（1,120円）から、キャッシュ・フロー上の営業利益である「小計」に行くために、営業外損益、特別損益の項目と、その金額を損益計算書とは逆にして加減します。

営業活動によるキャッシュ・フローはこの区分（営業損益計算）のキャッシュ・フロー版です。

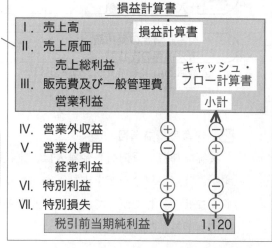

この部分を「損益計算書の遡り」と個人的に呼んでいます。

Point ▶ 営業活動によるキャッシュ・フロー（間接法）
　　営業外収益、特別利益…減算する
　　営業外費用、特別損失…加算する

C 売上債権、棚卸資産、仕入債務などの増減項目

　売上債権とは売掛金や受取手形を、仕入債務とは買掛金や支払手形をいいます。

　たとえば、売掛金の期首残高が0円、当期の掛売上が100円、期末残高が10円の場合、掛代金が決済されて入金されたのは90円（0円＋100円－10円）です。つまり、損益計算書の売上高は100円ですが、キャッシュ・フロー計算書上の営業収入は90円でなければなりません。

したがって、期首の売掛金よりも期末の売掛金が増えたら（0円
→10円）、売上高をベースにして計算された税引前当期純利益から
売掛金の増加額を差し引く必要があります。

売掛金

期首　0円	当期回収
当期売上 ⇒	90円
100円	期末　10円

これがキャッシュ・フロー計算書上の営業収入。
したがって、売上債権の正味増加分（期末残高－
期首残高）だけ、税引前当期純利益から差し引き
ます

税引前当期純利益は当期売上高100円を基礎に計算されているため、
売上債権の増加額10円を引くことで、利益ベースからキャッシュ
ベースの営業収入90円に調整されます。

また、逆に期末の売掛金が期首の売掛金よりも
減っていたら減少額を加算します。

同様に棚卸資産の増加額は減算、減少額は加算し、仕入債務の増加
額は加算、減少額は減算します。

		増　　減	キャッシュ・フロー 計算書における調整
売上債権	増加額	期末残高＞期首残高	減算（－）
	減少額	期末残高＜期首残高	加算（＋）
棚卸資産	増加額	期末残高＞期首残高	減算（－）
	減少額	期末残高＜期首残高	加算（＋）
仕入債務	増加額	期末残高＞期首残高	加算（＋）
	減少額	期末残高＜期首残高	減算（－）

Point ▶

営業活動によるキャッシュ・フロー（間接法）
資産の項目…増えたらマイナス、減ったらプラス
負債の項目…増えたらプラス、減ったらマイナス

うれしかったらマイナス、かなしかったらプラスと覚えましょう。
うれしい⇒資産項目⊕、負債項目⊖
かなしい⇒資産項目⊖、負債項目⊕

営業活動によるキャッシュ・フロー（間接法）の記入の仕方を、具体例を使って見てみましょう。

例題 ②営業活動によるキャッシュ・フロー（間接法）

次の資料にもとづき、間接法によるキャッシュ・フロー計算書（営業活動によるキャッシュ・フローまで）を作成しなさい（単位：円）。

受取配当金にかかるキャッシュ・フローは投資活動によるキャッシュ・フローの区分に表示する（本書では説明省略）。

商品の売買はすべて掛けで行っている。

損益計算書と貸借対照表は次のとおりである（単位：円）。

貸借対照表

	前 期	当 期	増減額
現 金	300	455	155
売 掛 金	600	450	△ 150
貸 倒 引 当 金	△ 150	△ 300	△ 150
商 品	600	800	200
建 物	2,400	2,400	0
減価償却累計額	△ 300	△ 600	△ 300
資 産 合 計	3,450	3,205	△ 245
買 掛 金	750	450	△ 300
資 本 金	1,800	1,800	0
利 益 準 備 金	150	255	105
繰越利益剰余金	750	700	△ 50
負債・純資産合計	3,450	3,205	△ 245

損益計算書

売 上 高	3,340
売 上 原 価	1,800
売 上 総 利 益	1,540
貸倒引当金繰入	150
給 料	900
減 価 償 却 費	300
その他の費用	150
営 業 利 益	40
受 取 配 当 金	60
税引前当期純利益	100
法 人 税 等	45
当 期 純 利 益	55

貸倒引当金の増加額は、Ｐ／Ｌ貸倒引当金繰入からではなく、
Ｂ／Ｓ貸倒引当金から計算します。
本問では、Ｐ／Ｌ貸倒引当金繰入の金額とＢ／Ｓの貸倒引当金の増減額が
一致していますが、貸倒れがあった場合などは、異なることがあります。

キャッシュ・フロー計算書（間接法）		
Ⅰ．営業活動によるキャッシュ・フロー		
税引前当期純利益		100
減価償却費	**A**	300
貸倒引当金の増加額		150
受取配当金	**B**	△ 60
売上債権の減少額		150
棚卸資産の増加額	**C**	△ 200
仕入債務の減少額		△ 300
小　計		140
法人税等の支払額	**e**	△ 45
営業活動によるキャッシュ・フロー		95

非資金損益項目を
足す

P/L 営業外、
特別項目を加減

売上債権、棚卸資産、
仕入債務の加減

その他の項目

営業活動によるキャッシュ・フローは、売価から原価を差し引いた形となる
ので、健全な状態（通常）なら、最終的にプラスの値で終わるはずです。

次の文章について、正誤（○×）を答えなさい。

(1) キャッシュ・フロー計算書の営業活動によるキャッシュ・フローの区分の表示方法には、直接法と間接法がある。

(2) 営業活動によるキャッシュ・フローの区分を直接法で表示する場合と、間接法で表示する場合とでは、営業活動によるキャッシュ・フローの金額は異なる。

(3) 直接法と間接法のいずれを採用しても、営業活動によるキャッシュ・フローの金額は同じである。

(4) 役員に対する報酬の支出は、直接法では営業活動によるキャッシュ・フローに記載される。

(5) 営業活動によるキャッシュ・フローは、本業による現金創出能力を示している。

答案用紙

日付	/	/	/
✓			

(1) ☐　(2) ☐　(3) ☐　(4) ☐　(5) ☐

33 第4章 投資活動・財務活動によるキャッシュ・フロー

投資活動によるキャッシュ・フロー

投資活動によるキャッシュ・フローの区分には、固定資産や有価証券の取得や売却、資金の貸付けなど、**投資活動によって増減した資金の額**を記載します。

有価証券

キャッシュ・フロー計算書

Ⅱ．投資活動によるキャッシュ・フロー

有価証券の取得による支出	△××
有価証券の売却による収入	××
固定資産の取得による支出	△××
固定資産の売却による収入	××
投資有価証券の取得による支出	△××
投資有価証券の売却による収入	××
貸付けによる支出	△××
貸付金の回収による収入	××
⋮	
投資活動によるキャッシュ・フロー	××

支出と収入をひとまとめにして、「有・固・投・貸付」（ゆうこと貸付）と覚えておきましょう。

この他に長期定期預金の預入れと引出しもこの区分に入ります。

健全な状態（通常）であれば、毎期一定の投資は行うため、投資活動によるキャッシュ・フローは最終的にマイナスとなるでしょう。

財務活動によるキャッシュ・フロー

　財務活動によるキャッシュ・フローの区分には、資金の調達や返済など、財務活動によって増減した資金の額を記載します。

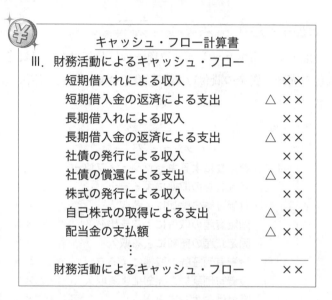

キャッシュ・フロー計算書	
Ⅲ．財務活動によるキャッシュ・フロー	
短期借入れによる収入	××
短期借入金の返済による支出	△××
長期借入れによる収入	××
長期借入金の返済による支出	△××
社債の発行による収入	××
社債の償還による支出	△××
株式の発行による収入	××
自己株式の取得による支出	△××
配当金の支払額	△××
⋮	
財務活動によるキャッシュ・フロー	××

会社において、資金調達といったら、株式の発行、社債の発行、借入れですよね。それらの取引で増減したキャッシュを記載します。

　この区分は、金融機関（銀行、証券会社）とのやりとりと、支払配当金が主な構成要素です。

財務活動は、資金量の調整活動なので、通常は（売上高に比べて）あまり多額でない、プラス・マイナスになると考えられます。

具体例を使って、投資活動によるキャッシュ・フローと財務活動による
キャッシュ・フローの作成を見てみましょう。

例　題　③投資活動・財務活動によるキャッシュ・フロー

　次の資料にもとづき、キャッシュ・フロー計算書の投資活動によるキャッシュ・フローと財務活動によるキャッシュ・フローの欄を完成させなさい（単位：円）。

　貸借対照表は次のとおりである（単位：円）。

貸借対照表

	前　期	当　期	増減額
⋮	⋮	⋮	⋮
有　価　証　券	800	500	△ 300
貸　付　金	200	300	100
建　　　物	2,400	1,400	△ 1,000
減価償却累計額	△ 300	△ 250	50
資　産　合　計	××	××	××
⋮	⋮	⋮	⋮
短　期　借　入　金	1,800	1,500	△ 300
資　本　金	2,000	2,400	400
⋮	⋮	⋮	⋮
負債・純資産合計	××	××	××

①帳簿価額600円の有価証券を700円で売却した。←投資活動

②貸付金の当期回収額は140円である。←投資活動

③取得原価1,000円の建物（減価償却累計額100円）を1,200円で売却した。←投資活動

④短期借入金（借入期間はすべて1年以内である）の当期返済額は2,000円である。←財務活動

⑤当期に増資400円を行った。←財務活動

⑥当期中に株主に対して配当金20円を現金で支払った。←財務活動

キャッシュ・フロー計算書
⋮

Ⅱ．投資活動によるキャッシュ・フロー
有価証券の取得による支出 △ 300 **ⓐ**
有価証券の売却による収入 700 ①
有形固定資産の売却による収入 1,200 ③
貸付けによる支出 △ 240 **ⓑ**
貸付金の回収による収入 140 ②
投資活動によるキャッシュ・フロー 1,500

Ⅲ．財務活動によるキャッシュ・フロー
短期借入れによる収入 1,700 **ⓒ**
短期借入金の返済による支出 △2,000 ④
株式の発行による収入 400 ⑤
配当金の支払額 △ 20 ⑥
財務活動によるキャッシュ・フロー 80

有価証券

期首　800 円	当期売却 （帳簿価額） ① 600 円
ⓐ 当期取得 ? 円→ 300 円	期末　500 円

600 円＋ 500 円－ 800 円＝ 300 円

貸付金

期首　200 円	当期回収 ② 140 円
ⓑ 当期貸付 ? 円→ 240 円	期末　300 円

140 円＋ 300 円－ 200 円＝ 240 円

短期借入金

当期返済 ④ 2,000 円	期首　1,800 円
期末 1,500 円	**ⓒ** 当期借入 ? 円→ 1,700 円

2,000 円＋ 1,500 円－ 1,800 円＝ 1,700 円

キャッシュ・フロー計算書の末尾

　営業活動、投資活動、財務活動によるキャッシュ・フローを合計して、現金及び現金同等物の増加額（または減少額）を求めます。これに現金及び現金同等物の期首残高を足して、現金及び現金同等物の期末残高を計算します。

キャッシュ・フロー計算書

Ⅰ．営業活動によるキャッシュ・フロー	××
Ⅱ．投資活動によるキャッシュ・フロー	××
Ⅲ．財務活動によるキャッシュ・フロー	××
Ⅳ．現金及び現金同等物の増加額	××
Ⅴ．現金及び現金同等物の期首残高	××
Ⅵ．現金及び現金同等物の期末残高	××

(1)次の文章について、正誤（○×）を答えなさい。

① 配当金の支払いは、財務活動によるキャッシュ・フローに記載される。

② 貸付けによる支出は、財務活動によるキャッシュ・フローの区分に記載される。

③ 社債の発行による収入は、投資活動によるキャッシュ・フローの区分に記載される。

④ 借入金の返済による支出は、財務活動によるキャッシュ・フローの区分に記載される。

⑤ 株式の発行による収入は、投資活動によるキャッシュ・フローの区分に記載される。

⑥ 社債の発行は、財務活動によるキャッシュ・フローにおける支出に該当する。

⑦ 貸付金の回収は、財務活動によるキャッシュ・フローにおける支出に該当する。

⑧ 有価証券の取得は、財務活動によるキャッシュ・フローにおける支出に該当する。

⑨ 自己株式の取得は、財務活動によるキャッシュ・フローにおける支出に該当する。

⑩ 有形固定資産の売却は、財務活動によるキャッシュ・フローにおける支出に該当する。

(2)次の（ア）〜（オ）に入る数値を記入して、キャッシュ・フロー計算書を完成させなさい。△はマイナスを意味する。

Ⅰ　営業活動によるキャッシュ・フロー	
1．営業活動からの収入	（ア　　　）
2．営業活動への支出	△ 150
営業活動によるキャッシュ・フロー	350
Ⅱ　投資活動によるキャッシュ・フロー	
1．投資活動からの収入	250
2．投資活動への支出	（イ　　　）
投資活動によるキャッシュ・フロー	△ 200
Ⅲ　財務活動によるキャッシュ・フロー	
1．財務活動からの収入	400
2．財務活動への支出	△ 150
財務活動によるキャッシュ・フロー	（ウ　　　）
Ⅳ　現金及び現金同等物の増減額	（エ　　　）
Ⅴ　現金及び現金同等物の期首残高	（オ　　　）
Ⅵ　現金及び現金同等物の期末残高	900

答案用紙

日付	／	／	／
✓			

(1) ① ☐　② ☐　③ ☐　④ ☐　⑤ ☐　⑥ ☐　⑦ ☐

　　⑧ ☐　⑨ ☐　⑩ ☐

(2) | ア | | イ | | ウ | |

　　| エ | | オ | |

これから自由に使える創出した資金

フリー・キャッシュ・フロー

フリー・キャッシュ・フロー

　営業活動によるキャッシュ・フローに投資活動によるキャッシュ・フローを加えたものをフリー・キャッシュ・フローといいます。

Point ▶

フリー・キャッシュ・フロー
＝営業活動によるキャッシュ・フロー＋投資活動によるキャッシュ・フロー

　企業は本業で利益を生み出すので、営業活動によるキャッシュ・フローは、通常、＋（プラス）となります。また、現状を維持する（壊れたものを買い換える）だけでも一定の設備投資が必要になるので、投資活動によるキャッシュ・フローは、通常、－（マイナス）となります。

　したがって、その差額は「当期に企業が稼いだ、自由に使えるキャッシュ」を意味し、これをフリー・キャッシュ・フローといいます。

あくまでも通常、の話で、“当期に本社ビルを購入した”といった場合には、投資活動によるキャッシュ・フローが大きくマイナスになり、フリー・キャッシュ・フローもマイナスとなることがあります。

キャッシュ・フロー計算書が、資金創出力を表していたことを思い出してください。

　下記の資料により、A社とB社のフリー・キャッシュ・フローの額を算定しなさい。

	A社	B社
営業活動によるキャッシュ・フロー	＋1,000	△　300
投資活動によるキャッシュ・フロー	△　400	＋　200
財務活動によるキャッシュ・フロー	△　300	△　100

<A社>　　　　　　　　　　<B社>

フリー・キャッシュ・フロー

　　＋1,000 － 400 ＝ ＋600　　　△300 ＋ 200 ＝ △　100

A社とB社がそれぞれどのような状況にあるかを想像してみると、㉟のキャッシュ・フロー計算書の読み方に繋がりますよ。

(1)次の文章について、正誤（○×）を答えなさい。

　フリー・キャッシュ・フローは、マイナスになることもある。

(2)次の空欄（ア）〜（イ）に当てはまる言葉を、語群より選んで答えなさい。

> 語群：投資活動、財務活動、営業活動

　企業は本業によって利益を生み出すので、（ア）によるキャッシュ・フローは通常プラスとなるが、一方で（イ）によるキャッシュ・フローは、現状維持や企業の成長のために支出することが多いため、通常マイナスとなる。

　フリー・キャッシュ・フローとは、（ア）によるキャッシュ・フローと（イ）によるキャッシュ・フローのバランスに着目した指標であり、次の式によって求められる。

　フリー・キャッシュ・フロー＝（ア）によるキャッシュ・フロー＋（イ）によるキャッシュ・フロー

答案用紙

日付	／	／	／
✓			

(1)

(2)　(ア)　　　　　　　　(イ)

第３位　ソフトウェア（市販のソフトウェアは除く）

会社は、自分の会社に合わせて必要なソフトウェアを開発することがあります。

このときに、**ソフトウェア勘定に集計されるのは「実際製造原価」**ですから、外部に支払うソフトウェアの制作費用の他に、企業内部での担当者の人件費など、ソフトウェアの開発に関わるいろいろな支出を含めることができます。

期中には費用として計上していたものを、**決算整理**でソフトウェアという資産に振替えて計上し、費用を減らし、利益を増やすという手法に用いられることがあります。

（借）ソフトウェア　×××（貸）人件費など　×××

また、自分の会社に合わせて制作されたソフトウェアの売却価値は、まず０円ですので、倒産すると価値がなくなる資産と認識しておく必要があるでしょう。

第４位　棚卸資産（特に製造業の場合）

実際の会社には製造原価と販売費及び一般管理費の区別が難しいコストも多いため、その解釈や計算方法によっては同じ製品を作っていても、**製品の製造原価に含める範囲は会社によって異なることがあります。**

このビミョーな部分を悪用すると、「利益を出さないとヤバイ」と考えた会社が期末製品の製造原価に含める範囲を、何らかの理由をつけて一生懸命広げ、期末の棚卸のさいに期末製品製造原価を膨らませる**ことで売上原価を減らし、利益（売上総利益）を水増し**することもできるのです。

期首製品棚卸高＋当期製品製造原価－期末製品棚卸高＝売　上　原　価
　　　　　　　　　　　　　大きくする　　　小さくなる

第５位　仮払金

簿記の問題では、仮払金勘定は決算で必ず他の勘定に振替られるなどして消去されますが、**実務上は資産として繰越されることがよくあります。**

このとき、仮払金の内容が問題です。

「３年前に従業員に支払ったんだけど、その従業員が２年前に辞めてしまったから残っている」などという話になると、これはもう仮払金ではなく"かっぱらい金"ですので、損失として処理するべきなのですが、資産として残していることがあります。

財務分析をする上では、これらの勘定科目も**普通に資産として扱われます**が、簿記会計の知識で内容を考えてみると、また別の側面が見えてくるものです。

"簿記会計＆財務分析"の組み合わせで、パワーアップしましょう！

これであなたも"キャッシュ・フロー・マスター"

キャッシュ・フロー計算書の読み方

出身地はアメリカ

キャッシュ・フロー計算書は他の計算書と異なり、近年のアメリカに起源を持つもので、会計上の様々な原則に関わりなく、資金の増減明細という、ある意味単純に企業の状況を示しています。

	①通常	②余裕	③勝負
営業活動によるキャッシュ・フロー	＋	大 ＋	＋
投資活動によるキャッシュ・フロー	－	－	大 －
財務活動によるキャッシュ・フロー	少額の ±	－	＋

① 通 常 （＋・－・少額の ±）	営業活動で稼ぎ（＋）、一定の投資活動を行い（－）、あまり大きくない金額でのプラスマイナスで資金量（±）を調節している姿が、通常な状態です。
② 余 裕 （大＋・－・－）	営業活動で大きく稼ぎ（大＋）、投資活動を通常通り行い（－）、さらに借入れがあれば返済し、なければ配当を大きくして財務活動がマイナス（－）になるのが余裕のある状態です。
③ 勝 負 （＋・大－・＋）	営業活動で一定の稼ぎを得ながら（＋）、財務活動で金融機関などからの借入れをして資金を調達して（＋）大きな投資を行った（大－）、というのが会社が勝負に出た姿です。
④ ピ ン チ （－・＋・＋）	営業活動がマイナス（－）になったという段階で十分にピンチです。 ピンチの時には、保有する株式や固定資産を（損失を計上してでも）売却して現金化し（＋）、さらに金融機関からの借入れを行って（＋）しのぎにかかっている状態です。
⑤ 崖っぷち （－・－・＋）	ピンチから脱却するには、新たに設備を購入するなど固定資産への投資活動が必要になることが多いでしょう（－）。営業活動でマイナス（－）を計上する中で、財務活動で資金の借り入れなどを行い（＋）、投資を行った状態です（営業活動がプラスの中で行っていれば③の勝負の姿です）。

「貸借対照表や損益計算書は真実かもしれないが、キャッシュ・フロー計算書は事実である」という言葉があります。
男女の別れた話を聞くと、男性の真実と女性の真実はまったく異なりますものね。事実は1つなのに（笑）。

キャッシュ・フロー計算書のパターン
（活動別キャッシュ・フローの循環パターン）

キャッシュ・フロー計算書は、次のパターンに当てはめて読み解くことができます。

④ピンチ	⑤崖っぷち	⑥大ピンチ	⑦瀕死	⑧調整中	⑨大戦前夜
－	－	－	－	＋	＋
＋	－	＋	－	＋	＋
＋	＋	－	－	－	＋

⑥　大ピンチ （－・＋・－）	④のピンチの状態では、金融機関はまだ貸付を行ってくれています。しかし、さらにピンチが大きくなると、金融機関は、返済は迫るものの追加の貸付には応じてくれません。すると財務活動がマイナス（－）となり、これが大ピンチの姿です。
⑦　瀕　死 （－・－・－）	営業活動でマイナスを計上しながら（－）、一定の投資を行い（－）、さらに金融機関への返済なども行っている（－）という、キャッシュの流失が止まらない状態です。この状態までいくと経営者の資質が問われるかも知れません。
⑧　調　整　中 （＋・＋・－）	大きな会社同士の合併後などに起こる状態で、営業活動で一定の稼ぎを得ているものの（＋）、不要になった固定資産を売却するなどで投資活動がプラスとなり（＋）、金融機関への返済を行って身軽になったり、株主にメリットを提供するために配当を増やしたりして、財務活動がマイナス（－）となっている状態です。または、負債を減らし財務体質の改善に取り組んでいる姿です。
⑨　大戦前夜 （＋・＋・＋）	営業活動で資金を得ながら（＋）、所有する固定資産や有価証券を売却して現金化し（＋）、さらに金融機関からも資金を調達している（＋）という状態です。これは、業態を変えるような大きな投資を直後に控えているといった時に起こります。

次の文章について、正誤（○×）を答えなさい。

(1)　営業活動によるキャッシュ・フローがプラス、投資活動によるキャッシュ・フローと財務活動によるキャッシュ・フローがマイナスの場合、営業活動により生み出したキャッシュ以上の投資を行うために、財務活動によりキャッシュを調達していると判断できる。

(2)　営業活動により生み出したキャッシュと、資産の売却により回収したキャッシュを、借入金の返済に充てている場合、営業活動・投資活動・財務活動によるキャッシュ・フローのすべてがプラスとなる。

(3)　営業活動により生み出したキャッシュと株式の追加発行により獲得したキャッシュで、事務所用の建物を購入した場合、営業活動・投資活動によるキャッシュ・フローがプラス、財務活動によるキャッシュ・フローがマイナスとなる。

(4)　営業活動・投資活動によるキャッシュ・フローがマイナス、財務活動によるキャッシュ・フローがプラスの場合、営業活動によるキャッシュ・フローはマイナスだが、財務活動により調達した資金を、投資活動に投入していると判断できる。

答案用紙

日付	/	/	/
✓			

(1)　□　(2)　□　(3)　□　(4)　□

第5章

第5章の解説動画は
こちら

財務分析

　流動比率や**自己資本比率**、**売上高経常利益率**など、これまでみてきた財務分析はすべて割り算で行ってきました。

　では、次の2つの会社の自己資本比率を計算し、どちらの会社がより安全かを考えてみましょう。

A社　　　貸借対照表	
資　産 1,000	負　債 300
	純資産 700

B社　　　貸借対照表	
資　産 10,000	負　債 7,000
	純資産 3,000

A社　自己資本比率

$$\frac{700}{1,000} \times 100 = 70.0(\%)$$

B社　自己資本比率

$$\frac{3,000}{10,000} \times 100 = 30.0(\%)$$

　比率を計算するとA社の圧勝です。

　しかし次の期に、この両社が災害などで資産を失い、それぞれ**900の損失を計上**したとしましょう。すると、**A社**は「**資産100＜負債300**」となり倒産してしまうかも知れませんが、**B社**は「**資産が9,100となった**」だけで、おそらく事業を継続することが可能でしょう。

　このように、**比率だけで比較するには限界があり、実数（実際の金額の大小）でみる必要が生じてきます。**

　したがって、財務分析には比率によるものだけではなく、実数によるものなど様々なものがあります。これらについてもみていきましょう。

誰が何のために分析するのか

第5章

財務分析の目的

財務分析の主な利用者と関心事

　　財務分析は、その会社に関わるいろいろな利害関係者（ステークホルダー：stakeholder）が、それぞれの立場における必要性に基づいて行います。

ステークホルダーは、stake（掛け金）、holder（保有者）を語源とした言葉で、「利害関係者」と訳されます。
決して、ヘビを捕まえた人でもなければ、ステーキを食べようとしている人でもありません（笑）。

　　当社を中心にして、その例をみてみましょう。

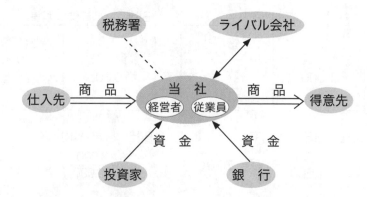

以下の ⇒ の先は主な興味の対象を表しています。

当社の経営者 ⇒ 経営環境や状況の把握

　　収益性の分析、安全性の分析から、従業員効率、株価収益率に至るまで、ありとあらゆる分析を行い、当社の置かれた経営環境や状況を把握する必要があります。

当社の従業員 ⇒ 自分の功績と評価の関係、
雇用契約を継続するべきか否か

　自分が関わった仕事が、会社にどれだけの収益や利益をもたらしているのかをみるために、**事業部別の収益性の分析**、また、売上総利益のうちどれだけが給料に回されているのか（**労働分配率**といいます）、さらに、このまま働き続けるか否かをみるために**会社の安全性や収益性**といった分析を行うことでしょう。

当社からみた仕入先 ⇒ 商材の安定供給

　仕入先からの商材の供給が滞れば、売上が下がるばかりか得意先にも迷惑を掛け、会社の信用に関わる重大事となります。従って、**仕入先の安全性**は把握しておく必要があります。

　さらに、仕入原価が適正かという問題もあることから仕入先の**原価率**、また、品質の確保の点から「どれぐらいの**設備投資**を行っているのか」なども知っておく必要があるでしょう。

当社からみた得意先 ⇒ 継続して取引できるのか、
売上債権の回収は大丈夫か

　得意先が「安定的に儲かっているのか」を知るために得意先の**収益性の分析**、**安全性の分析**が必要になります。

　特に、より有利な条件で取引を行うこと（値上げ）ができるかを見分けるため、得意先の**売上総利益率**や**営業利益率**を気にします。

　また、「売上債権（通常、短期の債権となります）の回収が滞りなく行われるか」をみるために**流動比率**や**当座比率**などにも着目します。

当社からみたライバル企業 ⇒ 強み弱みの把握

　ライバルへの基本的な戦略は、ライバルの強みと弱みを分析し、ライバルの強みは引き分けレベルまで持ち込み、ライバルの弱みを当社の強みにすることです。

　そのためには、**売上高原価率、売上総利益率、営業利益率、売上高**

費用率といった**収益性の分析**が不可欠です。

　また、ライバルの体力を知る意味から**長期的な安全性の分析**も必要になります。

投資家からみた企業 ⇒ 投資を新たに行うのか、維持するのか、解消するのかの判断材料

　特定の企業の株式に長期的に投資をするということは、自分のお金の就職先を見つけるようなものです。従って、その企業の魅力を探ることになるので「どのような資産を持っているのか」、また「どのように儲けているのか」を知るために、**資産の内容や収益性の分析**、さらに、倒産されては困るので**長期的な安全性の分析**が必要になります。

短期的な株式などの売買による利益の獲得を目的とする投機家にとっては、財務分析はあまり関係ないかも知れません。

銀行からみた企業 ⇒ 貸付けたお金が返済されるかどうか、利息が受け取れるかどうか

　長期的な貸付けを行うのであれば、相手先の**長期的な安全性の分析**が必要となります。また、返済や利息の原資となる資金が稼げているかをみるために、**収益性の分析やキャッシュ・フローの分析**が必要となります。

37 第5章 さまざまな財務分析

分析の主体（内部分析と外部分析）

　企業の内部者が、自社について行う分析のことを内部分析といい、経営者が経営判断をするさいなどに行われます。

　一方、企業の外部者が、公開されている財務諸表などの情報を集めて行う分析のことを外部分析といい、その企業の業績や財務状況を調べたり、関係を構築・維持するべきか否かといった判断などのために行われます。

　基本的に、ビジネス会計検定試験3級が前提としているのは外部分析になります。

　内部分析の方が、様々な情報を入手して行えるので、細かく分析することができます。ただし、外部者の中でも貸付けを行っている銀行などは、非公開の情報も入手して分析を行うことがあります。

用いる情報（定量情報と定性情報）

　数値化されている情報を定量情報、文章など**数値以外の情報を定性情報**といいます。

　財務分析では、主に定量情報を用いますが、定性情報を併せて入手・参照することで、数値で表された財務諸表を、より深く解釈することができます。

定量情報… 財務諸表の数値、販売シェア、
　　　　　従業員数、株価など
定性情報… 社長の特徴や健康状態、従業員の質、
　　　　　業界での地位、技術力の有無、法的な規制の有無など

某調査会社によると、社長の特徴に関する定性情報として「計数面不得手」
という社長が、最も会社を倒産させているそうです。会社を経営するには数
字に強くないと、ですよね。

　定性情報の中には、社長の健康状態や従業員の質のように、数値的に
明らかではないものの、会社の売上高などの財務諸表の数値（定量情報）
に影響しているものもあります。

基本的に、ビジネス会計検定試験3級が前提としているのは定量情報にな
ります。

分析方法（比率分析と実数分析）

　流動比率や自己資本比率、売上高経常利益率など財務諸表の数値など
の定量情報を、別の数値で割って、**結果を比率（多くは%）にして行う
分析**を比率分析といいます。
　また、前期と当期の利益の差額や、利益が出るようになる販売数量、
従業員1人当たりの売上高など、**結果が金額や数量で表される分析**を実
数分析といいます。

ビジネス会計検定試験3級では、比率分析も実数分析も出題されています。

(1)次の空欄（ア）～（カ）に当てはまる言葉を、語群より選んで答えなさい。

語群：定性情報、実数分析、定量情報、内部分析、比率分析、外部分析

① 企業内部の者が自社について、経営判断などのために行う分析のことを（ア）といい、企業外部の者が公開されている財務諸表などの情報をもとに行う分析のことを（イ）という。

② 数値化されている情報を（ウ）、文章などの数値以外の情報を（エ）という。

③ 流動比率や売上高経常利益率など、比率を求めて行う分析を（オ）といい、正味運転資本などのように、金額（円）などの実数で行う分析を（カ）という。

(2)次の文章について、正誤（○×）を答えなさい。

① 財務諸表分析において企業情報の解釈を充実したものにするために、定量情報だけでなく、定性情報もあわせて入手することが重要である。

② 企業の活動を制約する規制の有無に関する情報は、定量情報である。

③ 1株当たり当期純利益は比率分析である。

答案用紙

日付	／	／	／
✓			

(1)　①　| （ア） | | （イ） | |

　　②　| （ウ） | | （エ） | |

　　③　| （オ） | | （カ） | |

(2)　①　[　]　②　[　]　③　[　]

会社の状況の変化をみるには、まずはコレ。

百分率（百分比）財務諸表分析

百分率（百分比）財務諸表

　貸借対照表では、資産の合計額（＝負債＋純資産の額）を100％として、各項目の比率を示したものを百分率（百分比）貸借対照表といいます。

　また、損益計算書では、売上高の額を100％として、各項目の比率を示したものを百分率（百分比）損益計算書といいます。

　これらの百分率（百分比）財務諸表は、各会計期間のものを並べて比較することにより、構成比率の変化を端的にみることができます。

ビジネス会計検定試験では「百分比」という表現を主に用いていますが、一般的には「百分率」と表現することが多いので、本書では「百分率」としています。

百分率（百分比）貸借対照表

例 題 | ①百分率（百分比）貸借対照表

次のA社の×1年度（×2年3月31日決算）の貸借対照表を百分率で表してみましょう（％の小数点以下第2位を四捨五入）。

貸借対照表
×2年3月31日

（資産の部）		百分率	（負債の部）		百分率
流動資産	**6,100**	**58.1%**	**流動負債**	**4,200**	**40.0%**
現金及び預金	1,000	9.5%	仕入債務	2,160	20.6%
売上債権	3,000	28.6%	短期借入金	1,640	15.6%
有価証券	100	1.0%	その他	400	3.8%
棚卸資産	1,600	15.2%	**固定負債**	**2,520**	**24.0%**
その他	400	3.8%	長期借入金	2,420	23.0%
固定資産	**4,392**	**41.8%**	退職給付引当金	100	1.0%
有形固定資産	**4,052**	**38.6%**	負債合計	6,720	64.0%
建物	2,500	23.8%	（純資産の部）		
備品	1,552	14.8%	**株主資本**	**3,580**	**34.1%**
無形固定資産	**40**	**0.4%**	資本金	3,000	28.6%
商標権	40	0.4%	資本剰余金	500	4.8%
投資その他の資産	**300**	**2.9%**	利益剰余金	200	1.9%
投資有価証券	300	2.9%	自己株式	△ 120	△1.1%
繰延資産	**8**	**0.1%**	**評価・換算差額等**	**200**	**1.9%**
			純資産合計	3,780	36.0%
資産合計	10,500	100.0%	負債純資産合計	10,500	100.0%

百分率の欄を隠して、自分でも計算してみましょう。

　A社の×０年度から×２年度までの貸借対照表が次のようであったとき、どのようなことが読み取れるでしょうか？

　各項目の百分率をみて考えてみましょう。

貸借対照表

	×０年度		×１年度		×２年度	
（資産の部）	金額	百分率	金額	百分率	金額	百分率
流動資産	**7,940**	**79.4%**	**6,100**	**58.1%**	**6,964**	**63.3%**
現金及び預金	2,500	25.0%	1,000	9.5%	2,000	18.2%
売上債権	3,000	30.0%	3,000	28.6%	2,800	25.5%
有価証券	500	5.0%	100	1.0%	204	1.9%
棚卸資産	1,500	15.0%	1,600	15.2%	1,600	14.5%
その他	440	4.4%	400	3.8%	360	3.3%
固定資産	**2,050**	**20.5%**	**4,392**	**41.8%**	**4,030**	**36.6%**
有形固定資産	**1,700**	**17.0%**	**4,052**	**38.6%**	**3,700**	**33.6%**
建物	900	9.0%	2,500	23.8%	2,400	21.8%
備品	800	8.0%	1,552	14.8%	1,300	11.8%
無形固定資産	**50**	**0.5%**	**40**	**0.4%**	**30**	**0.3%**
商標権	50	0.5%	40	0.4%	30	0.3%
投資その他の資産	**300**	**3.0%**	**300**	**2.9%**	**300**	**2.7%**
投資有価証券	300	3.0%	300	2.9%	300	2.7%
繰延資産	**10**	**0.1%**	**8**	**0.1%**	**6**	**0.1%**
資産合計	10,000	100.0%	10,500	100.0%	11,000	100.0%
（負債の部）						
流動負債	**4,300**	**43.0%**	**4,200**	**40.0%**	**4,710**	**42.8%**
仕入債務	2,000	20.0%	2,160	20.6%	2,200	20.0%
短期借入金	1,800	18.0%	1,640	15.6%	1,910	17.4%
その他	500	5.0%	400	3.8%	600	5.5%
固定負債	**1,200**	**12.0%**	**2,520**	**24.0%**	**2,300**	**20.9%**
長期借入金	1,200	12.0%	2,420	23.0%	2,100	19.1%
退職給付引当金	0	0.0%	100	1.0%	200	1.8%
負債合計	5,500	55.0%	6,720	64.0%	7,010	63.7%
（純資産の部）						
株主資本	**4,400**	**44.0%**	**3,580**	**34.1%**	**3,790**	**34.5%**
資本金	3,000	30.0%	3,000	28.6%	3,000	27.3%
資本剰余金	500	5.0%	500	4.8%	500	4.5%
利益剰余金	900	9.0%	200	1.9%	410	3.7%
自己株式	0	0.0%	△ 120	△ 1.1%	△ 120	△ 1.1%
評価・換算差額等	**100**	**1.0%**	**200**	**1.9%**	**200**	**1.8%**
純資産合計	4,500	45.0%	3,780	36.0%	3,990	36.3%
負債純資産合計	10,000	100.0%	10,500	100.0%	11,000	100.0%

例題②の資料において、百分率（％）が大きく変化した項目をみておきましょう。

- ×０年度から×１年度にかけて、現金及び預金を中心に有価証券などで流動資産の項目が大きく減少し、×２年度にかけては少し戻っている。
- 建物、備品の固定資産は×０年度から×１年度にかけて、大きく増加しており、×１年度に固定資産に多額の投資を行ったことを示している。
- ×０年度から×１年度にかけて、長期の借り入れを大きく増やしており、×２年度にかけては少し減少している。

百分率（百分比）損益計算書

例題　③百分率（百分比）損益計算書

次のA社の×１年度（×2.3.31決算）の損益計算書を百分率で表してみましょう（％の小数点以下第２位を四捨五入）。

損益計算書
×１年４月１日〜×２年３月31日

	金額	百分率
Ⅰ．売　上　高	9,000	100.0%
Ⅱ．売　上　原　価	4,400	48.9%
売上総利益	4,600	51.1%
Ⅲ．販売費及び一般管理費	3,900	43.3%
営業利益	700	7.8%
Ⅳ．営業外収益	100	1.1%
Ⅴ．営業外費用	350	3.9%
経常利益	450	5.0%
Ⅵ．特　別　利　益	100	1.1%
Ⅶ．特　別　損　失	200	2.2%
税引前当期純利益	350	3.9%
法人税住民税及び事業税	10	0.1%
当期純利益	340	3.8%

百分率の欄を隠して、自分でも計算してみましょう。

A社の×０年度から×２年度までの損益計算書が次のようであったとき、どのようなことが読み取れるでしょうか？

各項目の百分率をみて考えてみましょう。

損益計算書
×０年４月１日～×３年３月31日

	×０年度		×１年度		×２年度	
	金額	百分率	金額	百分率	金額	百分率
Ⅰ．売 上 高	10,000	100.0%	9,000	100.0%	9,900	100.0%
Ⅱ．売 上 原 価	5,500	55.0%	4,400	48.9%	3,400	34.3%
売上総利益	4,500	45.0%	4,600	51.1%	6,500	65.7%
Ⅲ．販売費及び一般管理費	4,000	40.0%	3,900	43.3%	4,800	48.5%
営業利益	500	5.0%	700	7.8%	1,700	17.2%
Ⅳ．営 業 外 収 益	100	1.0%	100	1.1%	50	0.5%
Ⅴ．営 業 外 費 用	300	3.0%	350	3.9%	400	4.0%
経常利益	300	3.0%	450	5.0%	1,350	13.6%
Ⅵ．特 別 利 益	100	1.0%	100	1.1%	100	1.0%
Ⅶ．特 別 損 失	100	1.0%	200	2.2%	220	2.2%
税引前当期純利益	300	3.0%	350	3.9%	1,230	12.4%
法人税住民税及び事業税	10	0.1%	10	0.1%	20	0.2%
当期純利益	290	2.9%	340	3.8%	1,210	12.2%

例題④の資料において、百分率（％）が大きく変化した項目をみておきましょう。

- ・×１年度から×２年度に比べれば、×０年度から×１年度の間では変化は乏しい。
- ・×１年度から×２年度にかけて、売上原価の比率が大きく下がっている。
- ・×１年度から×２年度にかけて、販売費及び一般管理費の割合が上がっている。

これらの貸借対照表、損益計算書を通じて、A社の状況を読み解いてみましょう。

- ・×1年度では売上高が下がるという厳しい状況の中で、手持ちの現金及び預金や長期借入金を原資として大きな投資を行った（生産設備への投資と思われる）。
- ・その結果、×2年度では劇的に売上原価を下げることに成功し、有形固定資産の増加による減価償却などの販売費及び一般管理費の上昇があるものの、それを超えて飛躍的な増益に成功した。

単表分析と複表分析

単一の財務表（計算表）で、かつ単一の会計期間のもののみで行う分析を単表分析といいます。また、複数の財務表を用いて行う分析を複表分析といい、さらに単期分析と複期分析に分けられます。

Point ▶

単表分析と複表分析

単表分析…単一の財務表で、かつ単一の会計期間のもののみで行う分析

例：×0年度の貸借対照表のみによる分析

複表分析…複数の財務表の数値を組み合わせた分析

┌単期分析…単一期間の複数の財務表の数値を組み合わせた分析

例：×0年度の貸借対照表と損益計算書による分析

└複期分析…複数の期間の財務表の数値を組み合わせた分析

例：×0年度と×1年度の貸借対照表による分析

単表分析でも、流動比率や売上高経常利益率といったピンポイントの分析はできますが、複表分析を複期で行うことで、対象企業の状況を、よりストーリー的に読み解くことができるようになります。

次の空欄（ア）〜（エ）に当てはまる言葉を、語群より選んで答えなさい。

語群：単表分析、複期分析、単期分析、複表分析

　単一の財務表で、かつ単一の会計期間のもののみで行う財務分析を（ア）といい、複数の財務表を用いて行う分析を（イ）という。（イ）には、単一期間の複数の財務表を組み合わせた（ウ）と、複数の期間の財務表を組み合わせた（エ）とがある。

答案用紙

日付	／	／	／
✓			

（ア）		（イ）	

（ウ）		（エ）	

39 第5章

趨勢分析（時系列分析）

趨勢分析（時系列分析）とは？

会社の成長性をみるために、過年度の財務諸表の数値と比較して、当年度の変化を分析するのが趨勢分析です。

まず前年度と比較する**対前年度比率**からみていきましょう。

よく「前年比○％」などと表現されるものです。

対前年度比率

対前年度比率は、次のように計算します（当年度を分析対象としています）。

$$対前年度比率（\%） = \frac{当年度の金額}{前年度の金額} \times 100（\%）$$

次の資料（一部抜粋）に基づき、対前年度比率を計算してみましょう（％の小数点以下第2位を四捨五入）。

対前年度比率

	×0年度	×1年度		×2年度	
	金額	金額	百分率	金額	百分率
現金及び預金	2,500	1,000	%	2,000	%
有形固定資産	1,700	4,052	%	3,700	%
仕入債務	2,000	2,160	%	2,200	%
長期借入金	1,200	2,420	%	2,100	%
資本金	3,000	3,000	%	3,000	%
利益剰余金	900	200	%	410	%
売上高	10,000	9,000	%	9,900	%
売上総利益	4,500	4,600	%	6,500	%
経常利益	300	450	%	1,350	%

対前年度比率を計算すると次のようになります。

対前年度比率

	×0年度	×1年度		×2年度	
	金額	金額	百分率	金額	百分率
現金及び預金	2,500	1,000	40.0 %	2,000	200.0 %
有形固定資産	1,700	4,052	238.4 %	3,700	91.3 %
仕入債務	2,000	2,160	108.0 %	2,200	101.9 %
長期借入金	1,200	2,420	201.7 %	2,100	86.8 %
資本金	3,000	3,000	100.0 %	3,000	100.0 %
利益剰余金	900	200	22.2 %	410	205.0 %
売上高	10,000	9,000	90.0 %	9,900	110.0 %
売上総利益	4,500	4,600	102.2 %	6,500	141.3 %
経常利益	300	450	150.0 %	1,350	300.0 %

分母が0となるときは「計算不能」となり、また、分母がマイナスの値となった場合は、計算値が指標としての意味を正しく示さないため、計算対象外とします。

対前年度比率から次のことが読み取れます。

イ）×1年度では、現金及び預金が40.0％となっており、×2年度には200.0％となっている。

ロ）×1年度では、有形固定資産が238.4％となっており、×2年度では91.3％と、減価償却分の減少程度にとどまっている（×2年度に新しい投資は行っていない模様）。

ハ）仕入債務の金額にあまり変動はない（増加していない）ことから、×1年度の投資資金の獲得のために仕入債務の期間の延長などは行っていないと思われる。

ニ）×1年度では、長期借入金が201.7％となっているが、×2年度では86.8％となっており、返済が進んでいるものと思われる。

ホ）資本金に特に変化はない。

ヘ）×1年度に売上高が90.0％となり、×2年度では110.0％となっている。

ト）×2年度では、売上高が110.0％となったが、売上総利益は141.3％にまで増えている。これは原価改善により売上原価率が減少したことを意味している。

チ）×1年度では、現金及び預金が大きく減少し、×2年度ではある程度戻している。

伸び率（増減率）

数値の変化の大きさを、わかりやすくするために伸び率（増減率）で表すことがあります。

伸び率(%) ＝ 対前年度比率 － 1（100%）

また、伸び率は次の算式で単独に計算することができます（当年度を分析対象としています）。

$$伸び率（\%） = \frac{当年度の金額 - 前年度の金額}{前年度の金額} \times 100（\%）$$

例　題　⑥伸び率

例題　⑤　の資料に基づき、伸び率（増減率）を計算してみましょう。なお、マイナスとなった場合には数字の前に△を付すこと（％の小数点以下第2位を四捨五入）。

前年基準　伸び率（増減率）　＝　**対前年度伸び率**

	×0年度	×1年度		×2年度	
	金額	金額	**百分率**	金額	**百分率**
現金及び預金	2,500	1,000	％	2,000	％
有形固定資産	1,700	4,052	％	3,700	％
仕入債務	2,000	2,160	％	2,200	％
長期借入金	1,200	2,420	％	2,100	％
資本金	3,000	3,000	％	3,000	％
利益剰余金	900	200	％	410	％
売上高	10,000	9,000	％	9,900	％
売上総利益	4,500	4,600	％	6,500	％
経常利益	300	450	％	1,350	％

例題⑤の対前年度比率を伸び率に修正すると次のようになります。

前年基準　伸び率（増減率）　＝　**対前年度伸び率**

	×0年度	×1年度		×2年度	
	金額	金額	**百分率**	金額	**百分率**
現金及び預金	2,500	1,000	△60.0 ％	2,000	100.0 ％
有形固定資産	1,700	4,052	138.4 ％	3,700	△8.7 ％
仕入債務	2,000	2,160	8.0 ％	2,200	1.9 ％
長期借入金	1,200	2,420	101.7 ％	2,100	△13.2 ％
資本金	3,000	3,000	0.0 ％	3,000	0.0 ％
利益剰余金	900	200	△77.8 ％	410	105.0 ％
売上高	10,000	9,000	△10.0 ％	9,900	10.0 ％
売上総利益	4,500	4,600	2.2 ％	6,500	41.3 ％
経常利益	300	450	50.0 ％	1,350	200.0 ％

こうすることで、**対前年度＋〇〇％、－〇〇％**といった形で表すことができるようになります。

　たとえば例題⑤の売上高に関する記述であれば「×1年度に対前年度10％のマイナス、×2年度には対前年度10％のプラスとなった」と表現することができます。

毎年、対前年度で20％ずつ売上高が上がっていった場合には、
4年後には元々の2倍以上の売上高になっています。
これを複利効果といいます。

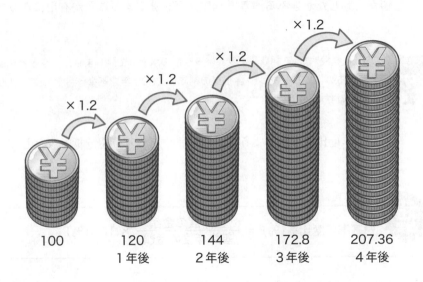

| 100 | 120 | 144 | 172.8 | 207.36 |
| | 1年後 | 2年後 | 3年後 | 4年後 |

対基準年度比率

　「売上高が対前年度で 10%下がり、その翌年には 10%上がった」と聞くと、売上高は元に戻ったような錯覚を覚えますが、例題⑥でみられるように、実際には元にまでは戻っていません。

$$100\% \times \underbrace{(100\% - 10\%)}_{10\%下がり} \times \underbrace{(100\% +10\%)}_{10\%上がる} = 99\%$$

　このような場合、基準となる年度を定めて「その年度に対し」何%に数値が変動したかをみる対基準年度比率を算定することが有用になります。

テレビなどでよく「リーマンショック前の水準まで戻りました」などと報道されるのは、リーマンショックの前年の 2008 年を基準年度として比較したものです。

　対基準年度比率は次のように計算します（当年度を分析対象としています）。

$$対基準年度比率(\%) = \frac{当年度の金額}{基準年度の金額} \times 100(\%)$$

　例題⑤の例で×0 年度を基準年度として対基準年度比率をみると、次のようになります。

例　題	⑦対基準年度比率

例題⑤の資料に基づき、対基準年度比率を計算してみましょう（％の小数点以下第2位を四捨五入）。

対基準年度比率（×0年度基準）

	×0年度	×1年度		×2年度	
	金額	金額	**百分率**	金額	**百分率**
現金及び預金	2,500	1,000	％	2,000	％
有形固定資産	1,700	4,052	％	3,700	％
仕入債務	2,000	2,160	％	2,200	％
長期借入金	1,200	2,420	％	2,100	％
資本金	3,000	3,000	％	3,000	％
利益剰余金	900	200	％	410	％
売上高	10,000	9,000	％	9,900	％
売上総利益	4,500	4,600	％	6,500	％
経常利益	300	450	％	1,350	％

例題⑤の資料に基づき、対基準年度比率を計算すると次のようになります。対基準年度比率を用いると、×2年度の売上高は×0年度の水準までは戻っていないことが明らかになります。

対基準年度比率（×0年度基準）

	×0年度	×1年度		×2年度	
	金額	金額	**百分率**	金額	**百分率**
現金及び預金	2,500	1,000	**40.0 ％**	2,000	**80.0 ％**
有形固定資産	1,700	4,052	**238.4 ％**	3,700	**217.6 ％**
仕入債務	2,000	2,160	**108.0 ％**	2,200	**110.0 ％**
長期借入金	1,200	2,420	**201.7 ％**	2,100	**175.0 ％**
資本金	3,000	3,000	**100.0 ％**	3,000	**100.0 ％**
利益剰余金	900	200	**22.2 ％**	410	**45.6 ％**
売上高	10,000	9,000	**90.0 ％**	9,900	**99.0 ％**
売上総利益	4,500	4,600	**102.2 ％**	6,500	**144.4 ％**
経常利益	300	450	**150.0 ％**	1,350	**450.0 ％**

(1)次の文章について、正誤（○×）を答えなさい。

① 　今年度の売上高が 100 で、毎年 20％の伸び率が続くとすると、3 年後の売上高は 160 となる。

② 　伸び率は、マイナスの値にはならない。

③ 　前年度に比べて当期純利益が 150％の伸び率のとき、当期純利益は前年度の 1.5 倍になっている。

(2) 　下記の資料より、各年度における対前年度比率、対前年度伸び率、対 ×0 年度比率を計算して求めなさい。なお、マイナスとなった場合には数字の前に△を付すこと（％の小数点以下第 2 位を四捨五入）。

	×0年度	×1年度	×2年度
現金及び預金	3,000	3,700	4,000
有形固定資産	1,800	1,750	2,200
仕入債務	1,500	1,800	2,000
長期借入金	1,400	1,600	1,000
資本金	4,500	4,500	4,500
利益剰余金	700	800	1,000
売上高	17,000	22,000	20,000
売上総利益	5,200	6,400	6,200
経常利益	800	700	900

(1) ① ☐ ② ☐ ③ ☐

(2)

×1年度

	対前年度比率	対前年度伸び率	対×0年度比率
現金及び預金	%	%	%
有形固定資産	%	%	%
仕入債務	%	%	%
長期借入金	%	%	%
資本金	%	%	%
利益剰余金	%	%	%
売上高	%	%	%
売上総利益	%	%	%
経常利益	%	%	%

×2年度

	対前年度比率	対前年度伸び率	対×0年度比率
現金及び預金	%	%	%
有形固定資産	%	%	%
仕入債務	%	%	%
長期借入金	%	%	%
資本金	%	%	%
利益剰余金	%	%	%
売上高	%	%	%
売上総利益	%	%	%
経常利益	%	%	%

長期が安全でも、短期が危なかったりして…

安全性分析

流動比率、当座比率、自己資本比率

企業の支払能力や財務的な安定性を判定するのが**安全性分析**です。

安全性の指標には、第1章 ⑥ 貸借対照表の財務分析で学習した、流動比率、当座比率、自己資本比率などがあります。

ここでは復習もかねて、A社の×1年度の貸借対照表を用いて計算してみましょう。

例 題 ⑧流動比率、当座比率、自己資本比率

A社の×1年度の貸借対照表に基づき、(1) 流動比率 (2) 当座比率 (3) 自己資本比率を計算してみましょう（％の小数点以下第2位を四捨五入）。なお、純資産を自己資本とみなします。

貸借対照表
×2年3月31日

（資産の部）		（負債の部）	
流動資産	**6,100**	**流動負債**	**4,200**
現金及び預金	1,000	仕入債務	2,160
売上債権	3,000	短期借入金	1,640
有価証券	100	その他	400
棚卸資産	1,600	**固定負債**	**2,520**
その他	400	長期借入金	2,420
固定資産	**4,392**	退職給付引当金	100
有形固定資産	**4,052**	負債合計	6,720
建物	2,500	（純資産の部）	
備品	1,552	**株主資本**	**3,580**
無形固定資産	**40**	資本金	3,000
商標権	40	資本剰余金	500
投資その他の資産	**300**	利益剰余金	200
投資有価証券	300	自己株式	△ 120
繰延資産	**8**	**評価・換算差額等**	**200**
		純資産合計	3,780
資産合計	10,500	負債純資産合計	10,500

(1)流動比率

$$流動比率（\%）= \frac{流動資産}{流動負債} \times 100（\%）\begin{cases} 高い &☺ \\ 低い &☹ \end{cases}$$

$$= \frac{6,100}{4,200} \times 100 = 145.2（\%）$$

流動比率は、従来「200%以上が理想」と言われてきました。

流動資産≒棚卸資産だった時代「棚卸資産を半額で叩き売りしても流動負債が返済できるから」とのことで言われていた話で、企業が当座資産を多く蓄えるようになった現代では200%の意味は乏しくなっています。

(2)当座比率

$$当座比率（\%）= \frac{当座資産（＝流動資産－棚卸資産）}{流動負債} \times 100（\%）\begin{cases} 高い &☺ \\ 低い &☹ \end{cases}$$

$$= \frac{6,100 - 1,600}{4,200} \times 100 = 107.1（\%）$$

当座比率は、流動比率をより厳密にみたもので、100%以上が理想と言われています。当座比率100%は、「現時点の当座資産で、1年以内に返済を行う流動負債を完済できる」ということを意味しています。ただし、多すぎるのは「資金の運用がうまくできていない」ということにもなるので、株主にとっては、あまり望ましいことではありません。

流動比率の200%、当座比率の100%といった固定された判断基準を絶対基準といい、対前年度や対ライバル企業といった比較対象の数値を判断基準とするものを相対基準といいます。

(3)自己資本比率

$$自己資本比率（\%）= \frac{自己資本}{総資本（負債純資産合計）} \times 100（\%）$$ 高い ☺ 低い ☹

$$= \frac{3,780}{10,500} \times 100 = 36.0（\%）$$

ビジネス会計検定試験3級においては、ほとんどの場合「自己資本＝純資産」として計算します。また、総資本は資産の金額と同じとなります。

正味運転資本と手元流動性（手元資金）

企業の支払能力を実額で示すものに、正味運転資本と手元流動性があります。これらは次の算式で求められます。

正味運転資本（円）＝ 流動資産 － 流動負債

手元流動性（円）＝ 現金及び預金 ＋ 有価証券

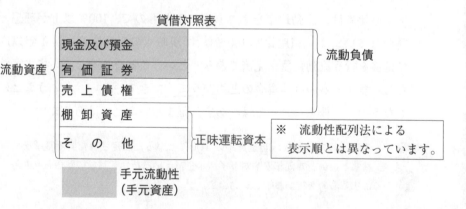

正味運転資本は、短期的な支払手段となる流動資産から、短期的な支払いを要する流動負債を差し引いたもので、追加的な支払いの源泉となるものです。

また、手元流動性は手元資金ともいわれ、即時的な支払手段として保

有する資産の額で、現金及び預金に売却すれば数日で資金化が可能な有価証券を加えたものになります。

A社の×1年度の例で計算すると次のようになります。

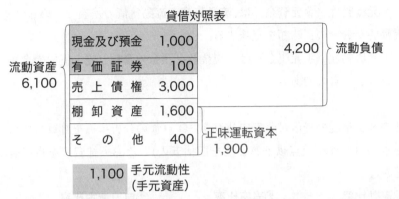

 当座資産（流動資産－棚卸資産）には売掛金などの債権も含まれていますが、手元流動性（手元資産）ではそれらも除かれています。

(1)次の文章について、正誤（○×）を答えなさい。

① 手元流動性（手元資金）は、流動資産と流動負債の差額で求められ、流動的な資金の正味額を意味する。

② 手元流動性（手元資金）は、現金及び預金の金額と売上債権の金額を合計したものである。

(2)B社の×1年度の貸借対照表に基づき、①～⑤の分析指標を計算して求めなさい（％は小数点以下第2位を四捨五入）。なお、純資産を自己資本とみなす。

　　①流動比率　　　　　②当座比率　　　　　③自己資本比率
　　④正味運用資本　　　⑤手元流動性

貸 借 対 照 表

×1年度　　　　　　　×2年3月31日　　　　　　（単位：円）

（資産の部）		（負債の部）	
流動資産	**10,710**	**流動負債**	**5,900**
現金及び預金	3,300	仕入債務	3,000
売上債権	4,800	短期借入金	2,200
有価証券	1,230	その他	700
棚卸資産	820	**固定負債**	**980**
その他	560	長期借入金	380
固定資産	**4,170**	退職給付引当金	600
有形固定資産	**3,820**	負債合計	6,880
建物	2,820	（純資産の部）	
備品	1,000	**株主資本**	**8,020**
無形固定資産	**150**	資本金	5,000
商標権	150	資本剰余金	500
投資その他の資産	**200**	利益剰余金	2,700
投資有価証券	200	自己株式	△ 180
繰延資産	**120**	**評価・換算差額等**	**100**
		純資産合計	8,120
資産合計	15,000	負債純資産合計	15,000

(1)　①　[　]　②　[　]

(2)　　　　　　　　　　　×１年度

①　流動比率　　　　[　　　　　]　(%)

②　当座比率　　　　[　　　　　]　(%)

③　自己資本比率　　[　　　　　]　(%)

④　正味運用資本　　[　　　　　]　(円)

⑤　手元流動性　　　[　　　　　]　(円)

第5章

41 収益性分析（資本利益率の分析）

収益性分析の種類

企業の利益を稼ぐ能力をみるのが収益性分析です。

収益性分析には、第2章 ⑩ 損益計算書の財務分析で学習した、売上高に対して（分母として）計算するものの他に、総資本や自己資本といった投下資本に対して（分母として）計算するものがあります。

例　題　⑨売上に対して計算するもの

A社の×1年度の損益計算書を用いて、以下の指標を計算してみましょう（％の小数点以下第2位を四捨五入）。

(1)売上高売上総利益率　(2)売上高営業利益率　(3)売上高経常利益率
(4)売上高当期純利益率　(5)売上高原価率　　　(6)売上高費用率

損益計算書
×1年4月1日～×2年3月31日

	金額
Ⅰ．売　上　高	9,000
Ⅱ．売　上　原　価	4,400
売上総利益	4,600
Ⅲ．販売費及び一般管理費	3,900
営業利益	700
Ⅳ．営　業　外　収　益	100
Ⅴ．営　業　外　費　用	350
経常利益	450
Ⅵ．特　別　利　益	100
Ⅶ．特　別　損　失	200
税引前当期純利益	350
法人税住民税及び事業税	10
当期純利益	340

(1)売上高売上総利益率

$$売上高売上総利益率（\%）= \frac{売上総利益}{売上高} \times 100 （\%） \begin{cases} 高い & ☺ \\ 低い & ☹ \end{cases}$$

$$= \frac{4,600}{9,000} \times 100 = 51.1 （\%）$$

(2)売上高営業利益率

$$売上高営業利益率（\%）= \frac{営業利益}{売上高} \times 100 （\%） \begin{cases} 高い & ☺ \\ 低い & ☹ \end{cases}$$

$$= \frac{700}{9,000} \times 100 = 7.8 （\%）$$

(3)売上高経常利益率

$$売上高経常利益率（\%）= \frac{経常利益}{売上高} \times 100 （\%） \begin{cases} 高い & ☺ \\ 低い & ☹ \end{cases}$$

$$= \frac{450}{9,000} \times 100 = 5.0 （\%）$$

(4)売上高当期純利益率

$$売上高当期純利益率（\%）= \frac{当期純利益}{売上高} \times 100 （\%） \begin{cases} 高い & ☺ \\ 低い & ☹ \end{cases}$$

$$= \frac{340}{9,000} \times 100 = 3.8 （\%）$$

(5)売上高原価率

$$売上高原価率（\%）= \frac{売上原価}{売上高} \times 100 （\%） \begin{cases} 高い & ☹ \\ 低い & ☺ \end{cases}$$

$$= \frac{4,400}{9,000} \times 100 = 48.9 （\%）$$

(6)売上高費用率

$$売上高費用率（\%）= \frac{販売費及び一般管理費}{売上高} \times 100 （\%） \begin{cases} 高い & ☹ \\ 低い & ☺ \end{cases}$$

$$= \frac{3,900}{9,000} \times 100 = 43.3 （\%）$$

投下資本に対して計算するもの

　同じ利益額を計上している場合には、投下資本が小さい方が「より収益性が高い」ということになります。そこで、投下資本に対する利益である資本利益率（ROI：Return on Investment）を用いて、収益性を分析することがあります。

Point ▶

$$資本利益率（％）＝ \frac{利 \quad 益^{※1}}{資 \quad 本^{※2}} × 100（％）$$ 高い ☺
低い ☹

※1　利益は、売上総利益、営業利益、経常利益など必要に応じて使い分けます。

※2　資本は、自己資本（純資産）や総資本（負債純資産合計＝資産）などを用います。

資本利益率は、投資収益率とも呼ばれます。
また、実際に利益を獲得するために使われるのは
（資本そのものというよりは）資産であることから
資産利益率（ROA：Return on　Assets）ともいわれています。

＜参考＞

　資本利益率は、分子が期中平均的に発生する（損益計算書項目である）利益となることから、分母となる資本も平均値を用いて計算する（期首と期末を合計して2で割る）方法もあります。

$$資本利益率（％）＝ \frac{利益}{（期首資本＋期末資本）÷ 2} × 100（％）$$

　ただし、ビジネス会計検定試験では、簡易的に分母は期末資本を用いて計算していますので、以降は期末の値を用いて計算します。

総資本経常利益率

　会社は、経常的にすべての資本（総資本＝負債純資産合計＝資産）を用いて活動し、利益の獲得を目指します。

　そこで、すべての資本から経常的な活動による利益をどれだけ得られたかをみる指標が必要になります。それが**総資本経常利益率**です。

Point ▶

$$総資本経常利益率（％）＝ \frac{経常利益}{総資本} × 100（％）$$

　高い ☺
　低い 😣

ROI（資本利益率：Return on Investment）や
ROA（資産利益率：Return on Assets）は、
一般にこの「総資本経常利益率」のことを指します。
また、総資本＝総資産なので、ROIとROAは同じものです。

例　題	⑩総資本経常利益率

　A社の例（例題②と例題④の資料参照）で、×1年度と×2年度の総資本経常利益率を計算してみましょう（％の小数点以下第2位を四捨五入）。なお、純資産を自己資本とみなします。

＜×1年度＞ ＜×2年度＞

$$\frac{450}{10,500} × 100 = 4.3（％）\qquad \frac{1,350}{11,000} × 100 = 12.3（％）$$

　×1年度では、資産100円に対して4.3円の経常利益を計上していたのに対して、×2年度では、資産100円に対して12.3円の経常利益を計上できたことを示しています。

自己資本利益率（自己資本当期純利益率）

　　株主の立場から見ると、会社が純資産（主に株主資本）を活用して、どれだけの当期純利益を得たかが気になります。そのため、株主は**自己資本利益率（自己資本当期純利益率）**を注視します。この指標は、株主自らの投資の効率を示していて、利益の中でも最終的に残る当期純利益は、株主への配当の源泉となるためです。

Point ▶

$$自己資本利益率（\%）＝ \frac{当期純利益}{自己資本} × 100 （\%）$$

　高い 😊
　低い 😩

※　ビジネス会計検定試験においては、純資産の金額を自己資本の金額とみなして　計算します。

　　自己資本利益率はROE（Return on Equity）ともいわれます。

例　題	⑪自己資本利益率

　　A社の例（例題②と例題④の資料参照）で、×１年度と×２年度の自己資本利益率を計算してみましょう（％の小数点以下第２位を四捨五入）。

＜×１年度＞　　　　　　　　　　＜×２年度＞

$$\frac{340}{3,780} × 100 = 9.0 （\%）　　　　\frac{1,210}{3,990} × 100 = 30.3 （\%）$$

---

④1 基本問題　収益性分析（資本利益率の分析）　〔解答…P.295〕

　下記の資料はB社の×１年度の貸借対照表と損益計算書である。これらの資料より、B社の①〜⑤の比率を計算して求めなさい（％の小数点以下第２位を四捨五入）。なお、純資産を自己資本とみなす。

①売上高売上総利益率　　②売上高営業利益率　　③売上高当期純利益率
④総資本経常利益率　　　⑤自己資本利益率

損 益 計 算 書（単位：円）

日付	／	／	／
✓			

×1年4月1日～×2年3月31日

	金額
Ⅰ．売 上 高	14,000
Ⅱ．売 上 原 価	6,000
売上総利益	8,000
Ⅲ．販売費及び一般管理費	3,700
営業利益	4,300
Ⅳ．営業外収益	500
Ⅴ．営業外費用	700
経常利益	4,100
Ⅵ．特 別 利 益	400
Ⅶ．特 別 損 失	100
税引前当期純利益	4,400
法人税住民税及び事業税	1,300
当期純利益	3,100

① [　　　　] (%)

② [　　　　] (%)

③ [　　　　] (%)

④ [　　　　] (%)

⑤ [　　　　] (%)

貸 借 対 照 表

×1年度　　　　　　　×2年3月31日　　　　　　（単位：円）

（資産の部）		（負債の部）	
流動資産	10,710	流動負債	5,900
現金及び預金	3,300	仕入債務	3,000
売上債権	4,800	短期借入金	2,200
有価証券	1,230	その他	700
棚卸資産	820	固定負債	980
その他	560	長期借入金	380
固定資産	4,170	退職給付引当金	600
有形固定資産	3,820	負債合計	6,880
建物	2,820	（純資産の部）	
備品	1,000	株主資本	8,020
無形固定資産	150	資本金	5,000
商標権	150	資本剰余金	500
投資その他の資産	200	利益剰余金	2,700
投資有価証券	200	自己株式	△ 180
繰延資産	120	評価・換算差額等	100
		純資産合計	8,120
資産合計	15,000	負債純資産合計	15,000

第5章 活動性分析

回転率

活動性の分析に用いる回転率は、**資本（総資本や自己資本）や資産などの項目に対する売上高の割合**であり、売上高を獲得するために、それらが何回利用されたかを示す比率で、資本や各項目の利用度を示します。

○○回転率のルール

○○回転率は、通常、売上高が分子となり、○○が分母となります。

$$○○回転率（回）= \frac{売上高}{○○}（回）$$

総資本回転率

企業が資産（＝総資本）を持つのは、売上の獲得のためとも考えられます。

「**企業の持つ資産1円に対して、売上高がどれだけ獲得できたのか**」を示すのが**総資本回転率**です。この比率が高いということは、それだけ資産の活動効率が高かったことを意味しています。

総資本回転率が1回ということは、「1年間の売上高ですべての資産を1回買い直せる（回転させられる）」ということを意味しています。

Point ▶

$$総資本回転率（回）= \frac{売上高}{総資本}（回） \begin{cases} 高い 😊 \\ 低い 😣 \end{cases}$$

分子が損益計算書項目なので、分母は原則的に期間平均値をとることになりますが、ビジネス会計検定試験では期末値をとっています。

例　題	⑫総資本回転率

　A社の例（例題 ② と例題 ④ の資料参照）で、×１年度と×２年度の総資本回転率を計算してみましょう（小数点以下第３位を四捨五入）。

＜×１年度＞

$$\frac{9,000}{10,500} = 0.86（回）$$

＜×２年度＞

$$\frac{9,900}{11,000} = 0.90（回）$$

　これは、売上高の上昇が総資産の増加を上回り、×１年度に比べ×２年度の方が資産効率が良くなったことを示しています。

㊷ 基本問題　活動性分析　　　　　　　　　　　　解答…P.296

次の文章について、正誤（○×）を答えなさい。

(1) 総資本回転率は、１回を下回ることもある。

(2) 売上高が一定のままで資産を縮小すれば、総資本回転率は改善される。

(3) 総資本回転率は、１回を下回ることはない。

(4) 投資規模の縮小により資産が減少しても売上が減少しなければ、総資本回転率は改善する。

答案用紙

日付	/	/	/
✓			

(1) ☐　(2) ☐　(3) ☐　(4) ☐

『株主資本利益率を上げよう！』って、何すればいいの？

資本利益率の要素分解

資本利益率の要素分解

　資本利益率をいくつかの構成要素に分解することで、より具体的な目標にすることができます。

$$資本利益率 = \frac{利益}{資本} \times \frac{売上高}{売上高} = \frac{利益}{売上高} \times \frac{売上高}{資本}$$

$$= 資本利益率 \times 1 = 売上高利益率 \times 資本回転率$$

利益は、営業利益、経常利益など具体的なものになります。
また、資本は総資本（＝資産）であったり、自己資本（＝純資産）であったりします。

総資本経常利益率の要素分解

　総資本経常利益率の分子・分母に売上高を掛けることにより、総資本経常利益率を売上高経常利益率と総資本回転率に分解することができます。

Point ▶

$$総資本経常利益率 = \frac{経常利益}{総資本} \times \frac{売上高}{売上高} = \frac{経常利益}{売上高} \times \frac{売上高}{総資本}$$

$$= \frac{総資本}{経常利益率} \times 1 = \frac{売上高}{経常利益率} \times \frac{総資本}{回転率}$$

　この要素分解により、総資本経常利益率を改善するためには「売上高

経常利益率を上昇させるか、総資本回転率を高くするか、またはその両方を行うかである」ということがわかります。

例　題　⑬総資本経常利益率の要素分解

A社の例（例題②と例題④の資料参照）で、×2年度の総資本経常利益率を売上高経常利益率と総資本回転率に分解してみましょう。

なお、計算にあたっては、総資本は期末の金額を用いること（％の小数点以下第2位を四捨五入）。

＜×2年度＞

$$総資本経常利益率 = \frac{1,350}{11,000} \times \frac{9,900}{9,900} = \frac{1,350}{9,900} \times \frac{9,900}{11,000}$$

$$\downarrow \qquad\qquad \downarrow \qquad\qquad \downarrow \qquad\qquad \downarrow$$

総　資　本 経常利益率	×	売上高 売上高	=	売　上　高 経常利益率	×	総資本 回転率
12.3（％）		1		13.6（％）		0.9（回）

自己資本利益率の要素分解

自己資本利益率（自己資本当期純利益率）の分子・分母に売上高と総資本を掛けることにより、自己資本利益率を売上高当期純利益率、総資本回転率、財務レバレッジに分解することができます。

Point ▶

$$自己資本利益率 = \frac{当期純利益}{自己資本} \times \frac{売上高}{売上高} \times \frac{総資本}{総資本}$$

$$= \frac{当期純利益}{売上高} \times \frac{売上高}{総資本} \times \frac{総資本}{自己資本}$$

$$\downarrow \qquad\qquad \downarrow \qquad\qquad \downarrow$$

$$= \underset{純 \ 利 \ 益 \ 率}{売上高当期} \times \underset{回転率}{総資本} \times \underset{レバレッジ}{財務}$$

財務レバレッジとは、自己資本比率の逆数であり、他人資本を活用したり（借入を行って負債の比率を上げたり）、自己株式を購入して自己資本比率を低くすることにより、高くすることができます。

レバレッジとは「てこ」という意味です。

　この要素分解により、自己資本利益率を改善するためには「売上高当期純利益率を上昇させるか、総資本回転率を高くするか、他人資本を活用したり自己株式を購入したりして自己資本の割合を小さくするか、またはそのいくつかを行うかである」ということがわかります。

㊸ 基本問題　資本利益率の要素分解　解答…P.296

　次のページの資料はB社の×1年度の貸借対照表と損益計算書である。これらの資料より、B社の①〜⑤の分析指標を計算して求めなさい（総資本回転率は小数点以下第3位を四捨五入、％は小数点以下第2位を四捨五入）。なお、純資産を自己資本とみなす。

①総資本回転率　　　　②総資本経常利益率　　③自己資本利益率

また、自己資本利益率を分解したときの④と⑤の分析指標を求めなさい。

④売上高当期純利益率　⑤財務レバレッジ

答案用紙

日付	／	／	／
✓			

① 総資本回転率　　　　　　　　　　　　（回）

② 総資本経常利益率　　　　　　　　　　（%）

③ 自己資本利益率　　　　　　　　　　　（%）

④ 売上高当期純利益率　　　　　　　　　（%）

⑤ 財務レバレッジ　　　　　　　　　　　（%）

損 益 計 算 書 （単位：円）

×1年4月1日〜×2年3月31日

	金額
Ⅰ．売 上 高	14,000
Ⅱ．売 上 原 価	6,000
売上総利益	8,000
Ⅲ．販売費及び一般管理費	3,700
営業利益	4,300
Ⅳ．営業外収益	500
Ⅴ．営業外費用	700
経常利益	4,100
Ⅵ．特 別 利 益	400
Ⅶ．特 別 損 失	100
税引前当期純利益	4,400
法人税住民税及び事業税	1,300
当期純利益	3,100

貸 借 対 照 表

×1年度　　　　　　　×2年3月31日　　　　　　（単位：円）

（資産の部）		（負債の部）	
流動資産	**10,710**	**流動負債**	**5,900**
現金及び預金	3,300	仕入債務	3,000
売上債権	4,800	短期借入金	2,200
有価証券	1,230	その他	700
棚卸資産	820	**固定負債**	**980**
その他	560	長期借入金	380
固定資産	**4,170**	退職給付引当金	600
有形固定資産	**3,820**	負債合計	6,880
建物	2,820	（純資産の部）	
備品	1,000	**株主資本**	**8,020**
無形固定資産	**150**	資本金	5,000
商標権	150	資本剰余金	500
投資その他の資産	**200**	利益剰余金	2,700
投資有価証券	200	自己株式	△ 180
繰延資産	**120**	**評価・換算差額等**	**100**
		純資産合計	8,120
資産合計	15,000	負債純資産合計	15,000

　「てこ」は、てこの原理により、小さな力で大きな作用を得ることができます。このようなてこの原理に似た作用が、企業の財務諸表上でも現れることがあります。

　例えば、総資本が200円、総資本営業利益率が5％（営業利益＝10円）のA社とB社を前提に様々な状況をシミュレーションしてみましょう。

　まず、総資本をすべて自己資本だけで調達しているA社の自己資本利益率は5％（＝10円÷200円）です。

　しかし、負債と純資産を1：1(100円ずつ)で調達しており、負債がすべて年利2％の有利子負債だったB社では、2円の支払利息が生じるので、当期純利益は10円－2円＝8円となりますが、自己資本利益率は8％（＝8円÷100円）に跳ね上がります。

　このように低い利率で有利子負債が調達できる場合、B社のように資金調達を負債に頼ることで自己資本利益率をてこの原理のように向上させることが可能になります。

　このように書くと、「自己資本利益率を上げるには負債を増やせばいいんだ」となりそうですが、こうした負債に頼る資金調達で自己資本利益率を上げようとする作戦は万能ではありません。

　もし、不景気で両社とも営業利益が3円に減ってしまった場合、200円の資金調達をすべて純資産に頼るA社の自己資本利益率は1.5％（＝3円÷200円）まで下がるのに対し、B社の当期純利益は3円の営業利益から支払利息2円を引いた1円となり、自己資本利益率は1％（＝1円÷100円）まで下がってしまいます。

　資金調達を負債に頼る割合が多いほど、儲かるときの自己資本利益率はグンと上がる代わりに、不景気で稼げなくなると自己資本利益率が一気に減少します。

　以上のように、総資本に占める負債の割合によって、てこの原理のように自己資本利益率が変動することから、負債と純資産の割合を、「てこ」を英語にした「レバレッジ」という単語を使って『財務レバレッジ』と呼ぶことがあります。

自分の貢献度を考えてみよう

1人当たり分析

生産性とは？

　経営資源の投入量に対する生産量の割合を生産性といいます。

　したがって「生産性が上がる」とは、投入量に対する生産量の割合が増えることをいい、「生産性が低い」とは、投入量に対する生産量の割合が低い（生産効率が悪い）ことをいいます。

1人当たり売上高

　企業が効率的に運営されていれば、少ない人員で大きな売上を達成することができます。したがって、他社よりも1人当たりの売上高が高いというのは、それだけ企業としての競争力があることを意味していると考えられます。

　これをみるために、年間の売上高を従業員数で割って1人当たり売上高を算定します。

　なお、分子が損益計算書項目なので、分母は期間平均値をとる考え方もありますが、ビジネス会計検定試験では期末値を用います。

Point ▶

$$1人当たり売上高（円）= \frac{売上高}{従業員数}（円）\begin{cases} 高い ☺ \\ 低い ☹ \end{cases}$$

これは実数分析に該当します。

　従業員1人当たりの売上高は、業種などによって大きく異なるため、当社内での期間比較や同じ業界のライバル企業との比較に用いられます。

　A社の例（例題④の資料参照）で、×１年度と×２年度の従業員１人当たりの売上高を計算してみましょう。なお、従業員数は、期末の人数（×１年度末12人、×２年度末14人）を用いること（小数点以下第2位を四捨五入）。

<×１年度>

$$\frac{9,000}{12\,（人）} = 750.0$$

<×２年度>

$$\frac{9,900}{14\,（人）} = 707.1$$

　A社の例では、従業員の人数を増やしたものの、それに見合うだけの売上にはつながらず、生産性が下がったことを意味しています。

１人当たり有形固定資産（労働装備率）＜２級出題範囲＞

　従業員１人当たりに、どれだけ設備投資がされているのかをみるために、有形固定資産の金額を従業員数で割って計算します。

　この数値が大きいほど、生産現場における機械化が進んでいると考えられ、従業員の生産性を高めていると考えられます。

Point

１人当たり有形固定資産（円）＝ $\dfrac{有形固定資産}{従業員数}$ （円）〈 高い ☺
　　　　　　　　　　　　　　　　　　　　　　　　　低い ☹

　従業員１人当たりの有形固定資産も、業種などによって大きく異なるため、当社内での期間比較や同じ業界のライバル企業との比較に用いられます。

　労働装備率は３級の出題範囲ではありませんが、みなさんが就職先を検討するときなどに有用な比率なので、知っておいてもらいたくて掲載しました。

例　題　⑮1人当たり有形固定資産（労働装備率）

A社の例（例題②の資料参照）で、×0年度、×1年度、×2年度の従業員1人当たりの有形固定資産を計算してみましょう。なお、従業員数は、期末の人数（×0年度末10人、×1年度末12人、×2年度末14人）を用いること（小数点以下第2位を四捨五入）。

<×0年度>

$$\frac{1,700}{10\,(人)} = 170.0$$

<×1年度>

$$\frac{4,052}{12\,(人)} = 337.7$$

<×2年度>

$$\frac{3,700}{14\,(人)} = 264.3$$

×1年度で大きな設備投資をした結果、労働装備率が上がったものの、×2年度では従業員の人数を増やしたこともあり、労働装備率が下がったことが読み取れます。

㊹ 基本問題　1人当たり分析　　　　　　　解答…P.297

次のページの資料はB社の×1年度の貸借対照表と損益計算書である。これらの資料より、B社の①〜②の分析指標を計算して求めなさい（小数点以下第2位を四捨五入）。なお、×1年度末における従業員数は180人である。

①1人当たり売上高　　　　②1人当たり有形固定資産

損益計算書（単位：円）

×1年4月1日～×2年3月31日

	金額
Ⅰ．売　上　高	14,000
Ⅱ．売　上　原　価	6,000
売上総利益	8,000
Ⅲ．販売費及び一般管理費	3,700
営業利益	4,300
Ⅳ．営業外収益	500
Ⅴ．営業外費用	700
経常利益	4,100
Ⅵ．特　別　利　益	400
Ⅶ．特　別　損　失	100
税引前当期純利益	4,400
法人税住民税及び事業税	1,300
当期純利益	3,100

① 1人当たり売上高

[　　　　　]（円）

② 1人当たり有形固定資産

[　　　　　]（円）

貸　借　対　照　表

×1年度　　　　　×2年3月31日　　　（単位：円）

（資産の部）		（負債の部）	
流動資産	**10,710**	**流動負債**	**5,900**
現金及び預金	3,300	仕入債務	3,000
売上債権	4,800	短期借入金	2,200
有価証券	1,230	その他	700
棚卸資産	820	**固定負債**	**980**
その他	560	長期借入金	380
固定資産	**4,170**	退職給付引当金	600
有形固定資産	**3,820**	負債合計	6,880
建物	2,820	（純資産の部）	
備品	1,000	**株主資本**	**8,020**
無形固定資産	**150**	資本金	5,000
商標権	150	資本剰余金	500
投資その他の資産	**200**	利益剰余金	2,700
投資有価証券	200	自己株式	△ 180
繰延資産	**120**	**評価・換算差額等**	**100**
		純資産合計	8,120
資産合計	15,000	負債純資産合計	15,000

1株当たり分析

1株当たり分析とは？

1株当たり分析とは、1株当たりの利益や純資産といった会計上の数値と株価の関連を分析するものです。

この分析は、投資を行う株主にとっては基本的な分析であるため、ファンダメンタル分析ともよばれます。

ファンダメンタルとは、根本的、基本的という意味です。

1株当たり当期純利益（EPS：Earnings per Share）

1株当たり当期純利益は、損益計算書の当期純利益の額を発行済株式数で割ったものであり、株主からは配当の原資ともみられるものです。

Point ▶

$$1株当たり当期純利益（円）= \frac{当期純利益}{発行済株式数}（円） \left\{ \begin{array}{l} 高い ☺ \\ 低い ☹ \end{array} \right.$$

なお、分子が損益計算書項目の当期純利益であるため、分母の発行済株式数は期首と期末の平均を用いることになりますが、ビジネス会計検定試験では期末値を用います。1株当たり当期純利益は、通常、銭の単位（円単位では小数第2位）まで表示します。

発行済株式数の多い少ないにより影響を受けるため、1つの企業の期間比較には有用ですが、企業間での比較にはあまり意味がありません。

株価収益率（PER：Price Earnings Ratio）

　株価収益率は、1株当たり株式時価を1株当たり当期純利益で割ったもので「利益の何倍の株価がついているのか」を表します。この指標は企業の利益水準に対して「株価が相対的に高いか低いか」を判定する目安として用いられます。

　また、この指標が開発された当初は「この株式を購入すると投資額を何年分の利益で回収できるのか」という観点から、「年」を単位として用いられてもいました。

Point ▷

$$\text{株価収益率（倍）} = \frac{\text{1株当たり株式時価}}{\text{1株当たり当期純利益}} \text{（倍）} \begin{cases} \text{高い} \; ☺ \\ \text{低い} \; ☹ \end{cases}$$

　投資家の立場からみると、株価収益率は高いと割高（安い方が買いやすい）と判断することもあります。

例　題	⑯1株当たり当期純利益、株価収益率

　A社の例（例題④の資料参照、単位は円とする）で、×1年度、×2年度の1株当たり当期純利益と株価収益率を計算してみましょう。なお、A社株式の1株当たりの時価は×1年度末34円、×2年度末42円であり、発行済株式数は100株で、期間中の変化はなかったものとします（小数点以下第3位を四捨五入）。

＜×1年度＞　　　　　　　　＜×2年度＞

1株当たり当期純利益　　　　　　　　1株当たり当期純利益

$$\frac{340 \,（円）}{100 \,（株）} = 3.40 \,（円） \qquad \frac{1,210 \,（円）}{100 \,（株）} = 12.10 \,（円）$$

株価収益率　　　　　　　　　　　　株価収益率

$$\frac{34 \,（円）}{3.40 \,（円）} = 10.0 \,（倍） \qquad \frac{42 \,（円）}{12.10 \,（円）} = 3.5 \,（倍）$$

　1株当たりの利益は4倍近く増えているのに、株価はあまり上がらなかったという状態です。株式市場の投資家からは、あまり評価されていないのかも知れませんね。

1株当たり純資産（BPS：Book-value per Share）

　1株当たり純資産は、貸借対照表の純資産の額を発行済株式数で割ったものであり、投資家からは最低株価の目安ともみられるものです。

Point ▶

$$1株当たり純資産（円）＝\frac{純資産}{発行済株式数}（円）$$

高い ☺
低い ☹

　1株当たり純資産も、通常、銭の単位（円単位では小数第2位）まで表示します。1株当たり純資産は、その会社が解散した時に、株主に分配される予定の金額（解散価値）を表すと言われています。しかし、会社の資産は一体となって運用されてこそ価値があるものなので（継続価値という）、解散時のようにバラバラにすると価値は下がることが多いと思われます。

この指標も発行済株式数の多い少ないにより影響を受けるため、1つの企業の期間比較には有用ですが、企業間での比較にはあまり意味がありません。

株価純資産倍率（PBR：Price Book-value Ratio）

　株価純資産倍率は、1株当たり株式時価を1株当たり純資産で割ったもので「純資産の何倍の株価がついているのか」を表します。この指標が1を下回るということは、「解散しても損はしない」ので割安な株とみることもできますが、市場が「純資産分の価値もない会社」と判定している、とも解釈することができます。

Point ▶

$$株価純資産倍率（倍）＝\frac{1株当たり株式時価}{1株当たり純資産}（倍）$$

高い ☺
低い ☹

　A社の例（例題②の資料参照、単位は円とする）で、×1年度、×2年度の1株当たり純資産と株価純資産倍率を計算してみましょう。なお、A社株式の1株当たりの時価は×1年度末34円、×2年度末42円であり、発行済株式数は100株で、期間中の変化はなかったものとします（小数点以下第3位を四捨五入）。

<×1年度>

1株当たり純資産

$$\frac{3,780（円）}{100（株）} = 37.80（円）$$

株価純資産倍率

$$\frac{34（円）}{37.80（円）} = 0.90（倍）$$

<×2年度>

1株当たり純資産

$$\frac{3,990（円）}{100（株）} = 39.90（円）$$

株価純資産倍率

$$\frac{42（円）}{39.90（円）} = 1.05（倍）$$

　A社の例では、×2年度で株価純資産倍率が1倍を回復していることがわかります。

時価総額

　時価総額は「今現在の株価で、会社の発行済み株式のすべてを買い取ると、いくらになるのか」を表すもので、**株式市場における企業の評価価値の総額**でもあり、１株当たりの株価に発行済株式数を掛けて計算されます。

　　時価総額＝１株当たり株式時価 × 発行済株式数 ⟨ 大 ☺
　　　　　　　　　　　　　　　　　　　　　　　　　 小 ☹

　時価総額は M&A（合併・買収）を行う際の基礎評価額としても用いられます。

　会社の時価総額を高くすることを目的とする経営手法を「時価総額経営」と言い、継続的に M&A を行う会社で採用されています。

| 例　題 | ⑱時価総額 |

　A社の例で、×１年度末、×２年度末の時価総額を計算してみましょう。なお、A社株式の時価は×１年度末34円、×２年度末42円であり、発行済株式数は100株で、期間中の変化はなかったものとします。

　　　　＜×１年度＞　　　　　　　　　＜×２年度＞
　34（円）× 100（株）= 3,400（円）　　42（円）× 100（株）= 4,200（円）

(1)次の文章について、正誤（○×）を答えなさい。

① 1株当たり当期純利益は、当期純利益が同額の場合、発行済株式数が多ければ小さくなる。

② 1株当たり当期純利益は、株価純資産倍率の計算の基礎指標として用いられる。

③ 1株当たり純資産とは、株主の出資に対する収益性を判断する指標である。

④ 1株当たり純資産は、最低株価の目安とされることがある指標である。

(2)次の資料はB社の×1年度の貸借対照表と損益計算書である。これらの資料より、B社の①〜⑤の分析指標を計算して求めなさい（①〜④は小数点以下第3位を四捨五入）。なお、×1年度末におけるB社株式の1株当たりの時価は60円、発行済株式数は150株である。

①1株当たり当期純利益（EPS）　②株価収益率（PER）
③1株当たり純資産（BPS）　　　④株価純資産倍率（PBR）
⑤時価総額

答案用紙

日付	／	／	／
✓			

(1)　①□　②□　③□　④□

(2)

① EPS 　□（円）　② PER 　□（倍）

③ BPS 　□（円）　④ PBR 　□（倍）

⑤ 時価総額 　□（円）

損益計算書　　　（単位：円）

×1年4月1日〜×2年3月31日

	金額
I. 売 上 高	14,000
II. 売 上 原 価	6,000
売上総利益	8,000
III. 販売費及び一般管理費	3,700
営業利益	4,300
IV. 営業外収益	500
V. 営業外費用	700
経常利益	4,100
VI. 特 別 利 益	400
VII. 特 別 損 失	100
税引前当期純利益	4,400
法人税住民税及び事業税	1,300
当期純利益	3,100

貸 借 対 照 表

×1年度　　　　　　×2年3月31日　　　　　（単位：円）

（資産の部）		（負債の部）	
流動資産	**10,710**	**流動負債**	**5,900**
現金及び預金	3,300	仕入債務	3,000
売上債権	4,800	短期借入金	2,200
有価証券	1,230	その他	700
棚卸資産	820	**固定負債**	**980**
その他	560	長期借入金	380
固定資産	**4,170**	退職給付引当金	600
有形固定資産	**3,820**	負債合計	6,880
建物	2,820	（純資産の部）	
備品	1,000	**株主資本**	**8,020**
無形固定資産	**150**	資本金	5,000
商標権	150	資本剰余金	500
投資その他の資産	**200**	利益剰余金	2,700
投資有価証券	200	自己株式	△ 180
繰延資産	**120**	**評価・換算差額等**	**100**
		純資産合計	8,120
資産合計	15,000	負債純資産合計	15,000

財務諸表の体系

財務諸表の開示

　会計の機能には、財務諸表を作成するだけではなく、作成した情報を公開・開示して、投資者、債権者などの利害関係者（ステークホルダー）に提供することも含まれています。

　このことをディスクロージャー（Disclosure：企業内容の開示）といい法的に制度化されています。

> Dis（打ち消し）と Close（閉じる）が結合して Disclosure。
> 閉じたものを打ち消すことから「開示」となります。

会計に関する法律

　会計に関する法律には、金融商品取引法、会社法、そして税法の3つがあり、それぞれの主な目的は次の通りです。

金融商品取引法…投資者(投資を検討している人を含む)の保護
会　　社　　法…(現在の)株主、債権者(銀行など)の保護
税　　　　　法…課税の公平

　このうち税法は、作成された財務諸表に修正を加えて課税額を算定するため、独自の財務諸表は持ちませんが、金融商品取引法と会社法には、それぞれの財務諸表の体系があります。なお、**会社法上の財務諸表**は、特に計算書類といいます。

財務諸表と計算書類の体系

　金融商品取引法では、上場などにより株式を公開している会社を適用対象としている一方、会社法では事業を行うすべての会社を適用対象としており、財務諸表の体系も少し異なります。

金融商品取引法上の財務諸表の体系	会社法上の計算書類の体系
貸借対照表	貸借対照表
損益計算書	損益計算書
株主資本等変動計算書（※1）	株主資本等変動計算書（※1）
キャッシュ・フロー計算書	
附属明細表（※2）	
	個別注記表（※3）

（※1）資本金や剰余金、評価・換算差額等といった純資産の項目の当期の変動を表す計算書
（※2）有価証券明細表、有形固定資産明細表、借入金明細表など、貸借対照表等の情報を補足するための書類
（※3）貸借対照表や損益計算書などの各計算書類に関する注記事項を一覧表示するもの

　キャッシュ・フロー計算書や附属明細表は、金融商品取引法上の財務諸表にのみ存在している点に注意しましょう。

　また、金融商品取引法では、注記事項は貸借対照表や損益計算書の一部とされているのに対し、会社法では別体のものとされているため、個別注記表が計算書類の1つとなっています。

　金融商品取引法の財務諸表には「注記がない！」というわけではないですよ。

次の文章について、正誤（○×）を答えなさい。

(1) 企業の情報を開示することを、ディスクロージャーという。

(2) 金融商品取引法は、主に投資者の保護を目的としている。

(3) 会社法は、主に株主・債権者の保護を目的としている。

(4) 金融商品取引法は、事業を行うすべての会社に適用される。

(5) 株主資本等変動計算書は、会社法上の計算書類に含まれる。

(6) 主に投資者の保護を目的とした金融商品取引法では、計算書類の公開を義務づけている。

(7) 金融商品取引法上の財務諸表には、附属明細表が含まれる。

(8) 貸借対照表において、売掛金と貸倒引当金を相殺して残高のみを表示することは認められている。ただし、その場合はその旨の注記をすることが必要である。

答案用紙

日付	／	／	／
✓			

(1) ☐ (2) ☐ (3) ☐ (4) ☐ (5) ☐ (6) ☐ (7) ☐ (8) ☐

厳選
過去問

厳選過去問の第1回分は、以下の本試験の過去問を、
本試験1回分の問題にまとめました。
Ⅰ　本試験　第23回 Ⅰ （一部抜粋）
Ⅱ　本試験　第24回 Ⅱ
Ⅲ　本試験　第25回 Ⅳ
Ⅳ　本試験　第26回 Ⅳ （一部改題）

第2回分は、本試験の第21回で出題された問題です
（Ⅳに一部改題あり）。

本試験は、だいたい同じパターンで毎回出題されています。
この2回分の過去問題をしっかりマスターしましょう。

本試験の練習として、時間を計って解答してみましょう！

ビジネス会計検定試験

３　級

（午後１時30分開始　制限時間２時間）

厳選過去問
第１回
問　題

（問題は全部で25ページ）

（実際の試験では、以下の文言が記載されています。）

注意事項

1. 解答用紙へのマーク記入にあたっては、硬度 HB または B の黒鉛筆、シャープペンシルを使用すること。
2. 誤ってマークしたときは、跡の残らないように消しゴムで消すこと。
3. 解答欄には、各問につき１つのみマークすること。
4. 解答用紙は、必ず提出すること。
5. 解答用紙は直接コンピュータで読み取るので、折り曲げたり汚したりしないこと。
6. 問題用紙の●、●、●、●、●、●ページは、切り離しが可能です。
   また、●、●、●、●、●、●ページは、白紙です。

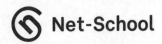

Net-School

Ⅰ 次の【問1】から【問12】の設問に答えなさい。

（本試験　第23回 Ⅰ 一部抜粋）

【問1】　次の文章について、正誤の組み合わせとして正しいものを選びなさい。

（ア）　企業の情報を開示することを、ディスクロージャーという。

（イ）　金融商品取引法は、主に投資者の保護を目的としている。

---

① （ア）正　　（イ）正
② （ア）正　　（イ）誤
③ （ア）誤　　（イ）正
④ （ア）誤　　（イ）誤

【問2】　次の文章について、正誤の組み合わせとして正しいものを選びなさい。

（ア）　貸借対照表は、ある一定期間における企業の経営成績を表示したものである。

（イ）　勘定式の貸借対照表では、左側に資金の調達源泉が、右側にその資金の運用形態が示されている。

---

① （ア）正　　（イ）正
② （ア）正　　（イ）誤
③ （ア）誤　　（イ）正
④ （ア）誤　　（イ）誤

【問3】 次の文章について、正誤の組み合わせとして正しいものを選びなさい。

(ア) 正常営業循環基準で流動資産に分類されなかった資産は、すべて固定資産に分類される。

(イ) 貸借対照表において、その項目の性質や金額について重要性が乏しい場合は、簡潔に示すことが認められている。

---

① （ア） 正　　（イ） 正
② （ア） 正　　（イ） 誤
③ （ア） 誤　　（イ） 正
④ （ア） 誤　　（イ） 誤

【問4】 次の文章について、正誤の組み合わせとして正しいものを選びなさい。

(ア) 受取手形や売掛金などの債権が回収不能になることを、貸倒れという。

(イ) 貸倒引当金は、貸借対照表において流動負債の区分に表示される。

---

① （ア） 正　　（イ） 正
② （ア） 正　　（イ） 誤
③ （ア） 誤　　（イ） 正
④ （ア） 誤　　（イ） 誤

【問5】 次の文章について、正誤の組み合わせとして正しいものを選びなさい。

（ア） 会社設立後、営業開始までの開業準備のために支出した費用は、繰延資産に計上することができる。

（イ） 貸借対照表において、繰延資産は、投資その他の資産に記載される。

① （ア） 正　　（イ） 正
② （ア） 正　　（イ） 誤
③ （ア） 誤　　（イ） 正
④ （ア） 誤　　（イ） 誤

【問6】 次の文章について、正誤の組み合わせとして正しいものを選びなさい。

（ア） その他有価証券を時価評価した際に生じる簿価との評価差額は、株主資本の区分に表示される。

（イ） 新株予約権は、株主資本の区分に表示される。

① （ア） 正　　（イ） 正
② （ア） 正　　（イ） 誤
③ （ア） 誤　　（イ） 正
④ （ア） 誤　　（イ） 誤

【問7】 次の文章について、正誤の組み合わせとして正しいものを選びなさい。

（ア） 損益計算書の表示は、ほとんどの場合、報告式が用いられる。
（イ） 損益計算書には、収益とこれに対応する費用をその発生源泉に応じて純額で記載する。

① （ア） 正 　（イ） 正
② （ア） 正 　（イ） 誤
③ （ア） 誤 　（イ） 正
④ （ア） 誤 　（イ） 誤

【問8】 次の文章について、正誤の組み合わせとして正しいものを選びなさい。

（ア） 費用は、実現主義により計上される。
（イ） 収益と費用の対応には、個別的対応と期間的対応があるが、売上高と売上原価の対応は個別的対応にあたる。

① （ア） 正 　（イ） 正
② （ア） 正 　（イ） 誤
③ （ア） 誤 　（イ） 正
④ （ア） 誤 　（イ） 誤

【問9】 次の文章について、正誤の組み合わせとして正しいものを選びなさい。

（ア） 法人税、住民税及び事業税は、利益の金額に課税される税金である。

（イ） 法人税、住民税及び事業税のことを、法人税等調整額という。

① （ア） 正　　（イ） 正
② （ア） 正　　（イ） 誤
③ （ア） 誤　　（イ） 正
④ （ア） 誤　　（イ） 誤

【問10】 次の文章について、正誤の組み合わせとして正しいものを選びなさい。

（ア） キャッシュ・フロー計算書の営業活動によるキャッシュ・フローの区分の表示方法には、直接法と間接法がある。

（イ） 直接法と間接法のいずれを採用しても、営業活動によるキャッシュ・フローの金額は同じである。

① （ア） 正　　（イ） 正
② （ア） 正　　（イ） 誤
③ （ア） 誤　　（イ） 正
④ （ア） 誤　　（イ） 誤

【問１１】　次の文章について、正誤の組み合わせとして正しいものを選びなさい。

（ア）　貸付けによる支出は、財務活動によるキャッシュ・フローの区分に記載される。

（イ）　社債の発行による収入は、投資活動によるキャッシュ・フローの区分に記載される。

---

① （ア）　正　　（イ）　正
② （ア）　正　　（イ）　誤
③ （ア）　誤　　（イ）　正
④ （ア）　誤　　（イ）　誤

【問１２】　次の文章について、正誤の組み合わせとして正しいものを選びなさい。

（ア）　１株当たり当期純利益は、当期純利益が同額の場合、発行済株式数が多ければ小さくなる。

（イ）　１株当たり当期純利益は、株価純資産倍率の計算の基礎指標として用いられる。

---

① （ア）　正　　（イ）　正
② （ア）　正　　（イ）　誤
③ （ア）　誤　　（イ）　正
④ （ア）　誤　　（イ）　誤

Ⅱ 次の【問1】から【問14】の設問に答えなさい。

（本試験　第24回 Ⅱ）

【問1】　次の文章の空欄（　ア　）と（　イ　）に当てはまる語句の適切な
　　　　組み合わせを選びなさい。

　　主に投資者の保護を目的とした（　ア　）では、（　イ　）の公開を
義務づけている。

---

① （ア）　会社法　　　　　（イ）　計算書類
② （ア）　会社法　　　　　（イ）　財務諸表
③ （ア）　金融商品取引法　（イ）　計算書類
④ （ア）　金融商品取引法　（イ）　財務諸表

【問2】　貸借対照表に関する次の文章のうち、正しいものの個数を選びなさ
　　　　い。

ア．貸借対照表の様式には、勘定式と報告式の２つの種類がある。
イ．勘定式の貸借対照表の左側には、資金の調達源泉である負債と純資
　　産が表示される。
ウ．資産および負債を流動性の低い順に配列する方法を、流動性配列法
　　という。
エ．貸付金と借入金を相殺消去して、残高のみを表示することができる。

---

① 1つ　② 2つ　③ 3つ　④ 4つ　⑤ なし

【問3】 次の文章の空欄 （ ア ）と（ イ ）に当てはまる語句の適切な
組み合わせを選びなさい。

（ ア ）は、原則として取得原価で評価される。取得原価には、
（ イ ）という長所がある。

---

① （ア） 金融資産 　　　　（イ） 客観的で信頼性が高い
② （ア） 金融資産 　　　　（イ） 最新の資産の価格を反映できる
③ （ア） 事業用資産 　　　（イ） 客観的で信頼性が高い
④ （ア） 事業用資産 　　　（イ） 最新の資産の価格を反映できる

【問4】 次の文章の空欄 （ ア ）と（ イ ）に当てはまる語句の適切な
組み合わせを選びなさい。

貸借対照表において、売買目的で保有する有価証券は（ ア ）に記
載される。また、関連会社株式は（ イ ）に記載される。

---

① （ア） 流動資産 　　　　（イ） 固定資産
② （ア） 流動資産 　　　　（イ） 純資産の部
③ （ア） 固定資産 　　　　（イ） 固定資産
④ （ア） 固定資産 　　　　（イ） 純資産の部

【問5】 次の項目のうち、有形固定資産に該当するものの個数を選びなさい。

ソフトウェア 　　　建設仮勘定 　　　投資有価証券 　　　土地 　　　のれん

---

① 1つ ② 2つ ③ 3つ ④ 4つ ⑤ 5つ

【問6】 次の項目のうち、投資その他の資産に該当するものの適切な組み合わせを選びなさい。

ア．建物　　　　イ．開発費　　　　ウ．長期前払費用

エ．特許権　　　オ．長期貸付金

---

① アイ　② アオ　③ イエ　④ ウエ　⑤ ウオ

【問7】 次の項目のうち、経常利益の増加要因となりうるものの適切な組み合わせを選びなさい。

ア．売買目的の有価証券を売却して利益を得た。

イ．長期保有目的の有価証券を売却して利益を得た。

ウ．売買目的の有価証券の時価が、帳簿価額より下落した。

エ．借入金に対する利息を支払った。

オ．所有する株式から配当金を得た。

---

① アイ　② アオ　③ イエ　④ ウエ　⑤ ウオ

【問8】 次の文章の空欄（　ア　）と（　イ　）に当てはまる語句の適切な組み合わせを選びなさい。

　会計上の利益にもとづき計算される税額と税法上の課税額との差額を調整する会計処理を（　ア　）といい、損益計算書に（　イ　）が計上される。

---

① （ア）　税効果会計　　　　　　（イ）　繰延税金資産
② （ア）　税効果会計　　　　　　（イ）　法人税等調整額
③ （ア）　費用収益対応の法則　　（イ）　繰延税金資産
④ （ア）　費用収益対応の法則　　（イ）　法人税等調整額

【問9】 次の項目のうち、財務活動によるキャッシュ・フローにおける支出に該当するものを選びなさい。

① 社債の発行
② 貸付金の回収
③ 有価証券の取得
④ 自己株式の取得
⑤ 有形固定資産の取得

【問10】 次の文章の空欄（　ア　）と（　イ　）に当てはまる語句の適切な組み合わせを選びなさい。

　財務諸表分析にあたって、財務諸表や（　ア　）などの定量情報だけでなく、（　イ　）などの定性情報を入手することも重要である。

① （ア）　株価　　　　　　（イ）　従業員数
② （ア）　技術力　　　　　（イ）　業界での地位
③ （ア）　技術力　　　　　（イ）　規制の有無
④ （ア）　販売シェア　　　（イ）　従業員数
⑤ （ア）　販売シェア　　　（イ）　規制の有無

【問11】 次の文章のうち、1株当たり純資産について説明した文章を選びなさい。

① 株主の出資に対する収益性を判断する指標である。
② 企業の利益の水準に対して株価が相対的に高いか低いかを判定する目安として用いられる指標である。
③ 最低株価の目安となる指標である。
④ 企業の資産の水準に対して株価が相対的に高いか低いかを判定する目安として用いられる指標である。

【問１２】 次の資料により、当期商品仕入高を計算し、正しい数値を選びなさい。 （金額単位：省略）

期首商品棚卸高	300	売上高	3,000	期末商品棚卸高	200
売上総利益	2,000				

① 700　② 800　③ 900　④ 1,000　⑤ 1,100

【問１３・問１４共通】

次の資料により、【問１３】と【問１４】の空欄（　ア　）と（　イ　）に当てはまる数値を選びなさい。 （金額単位：省略）

有価証券利息	10	退職給付費用	20	有価証券売却損	25
社債利息	10	受取利息	5	減価償却費	30
固定資産売却益	10	減損損失	20	投資有価証券売却損	15
営業利益	120				

【問１３】 営業外収益は（　ア　）である。

① 5　　② 15　　③ 20　　④ 25　　⑤ 30

【問１４】 税引前当期純利益は（　イ　）である。

① 5　　② 25　　③ 55　　④ 65　　⑤ 75

Ⅲ A社に関する＜資料１＞と＜資料２＞により、【問１】から【問１４】の設問に答えなさい。分析にあたって、貸借対照表数値、発行済株式数、株価および従業員数は期末の数値を用いることとし、純資産を自己資本とみなす。金額単位は、特記したものを除き百万円であり、△はマイナスを意味する。計算にあたって端数が出る場合は、選択肢に示されている数値の桁数に応じて四捨五入するものとする。

(本試験　第25回 Ⅳ)

＜資料１＞

		X１年度	X２年度
流動資産	（ア　　　　）		2,300
固定資産		1,300	1,590
繰延資産		100	110
流動負債	（イ　　　　）		1,400
固定負債		600	400
純資産	（　　　　）		2,200
売上高		5,400	5,800
営業利益		200	220
経常利益		250	190
当期純利益		100	120
営業活動によるキャッシュ・フロー		280	260
投資活動によるキャッシュ・フロー	（ウ　　　　）		△400
財務活動によるキャッシュ・フロー	（エ　　　　）		140
発行済株式数（百万株）		10	15
１株当たり株価（円）		200	240
従業員数（人）		1,200	1,000

<資料２>　Ｘ１年度データ

[流動資産および流動負債の各項目]

現金及び預金　600　　　受取手形　400　　　売掛金　400

有価証券（売買目的）　300　　　棚卸資産　100　　　支払手形　300

買掛金　300　　　短期借入金　290　　　未払金　110　　　預り金　90

前受収益　110

[投資活動によるキャッシュ・フローおよび財務活動によるキャッシュ・フローの各項目]

有形固定資産の取得による支出　100

無形固定資産の取得による支出　80

有価証券の売却による収入　120　　　株式発行による収入　60

自己株式の取得による支出　50　　　配当金の支払い　60

社債の償還による支出　90

【問１】　＜資料１＞の空欄（　ア　）に当てはまる数値を選びなさい。

① 1,600　② 1,660　③ 1,700　④ 1,760　⑤ 1,800

【問２】　＜資料１＞の空欄（　イ　）に当てはまる数値を選びなさい。

① 1,100　② 1,200　③ 1,240　④ 1,300　⑤ 1,340

【問３】　＜資料１＞の空欄（　ウ　）に当てはまる数値を選びなさい。

① △200　② △180　③ △140　④ △60　⑤ 240

【問4】 ＜資料1＞の空欄（　エ　）に当てはまる数値を選びなさい。

　① △200　② △180　③ △140　④ △60　⑤ 240

【問5】 次の文章について、正誤の組み合わせとして正しいものを選びなさい。

> （ア）　X1年度からX2年度にかけて、資産合計の伸び率より売上高の伸び率の方が大きい。
>
> （イ）　当期純利益でみると、X1年度からX2年度にかけて増収増益である。

　① （ア）　正　　（イ）　正
　② （ア）　正　　（イ）　誤
　③ （ア）　誤　　（イ）　正
　④ （ア）　誤　　（イ）　誤

【問6】 次の文章について、正誤の組み合わせとして正しいものを選びなさい。

> （ア）　X1年度の売上原価率が80％であったとすると、X2年度の売上総利益率をX1年度より5％高めるためには、売上原価をX1年度より30百万円下げなければならなかった。
>
> （イ）　営業利益が10％の伸び率を継続したとすると、X3年度の営業利益は240百万円になる。

　① （ア）　正　　（イ）　正
　② （ア）　正　　（イ）　誤
　③ （ア）　誤　　（イ）　正
　④ （ア）　誤　　（イ）　誤

【問7】 次の文章について、正誤の組み合わせとして正しいものを選びなさい。

（ア） 正味運転資本は、安全性の指標であり、実数分析にあたる。

（イ） 正味運転資本は、Ｘ１年度からＸ２年度にかけて増加した。

---

① （ア） 正　　（イ） 正
② （ア） 正　　（イ） 誤
③ （ア） 誤　　（イ） 正
④ （ア） 誤　　（イ） 誤

【問8】 次の文章の空欄（　ア　）から（　ウ　）に当てはまる語句と数値の適切な組み合わせを選びなさい。

　当座資産は流動資産のうち支払手段としての確実性が（　ア　）資産である。Ｘ１年度において、当座比率は（　イ　）％である。Ｘ１年度の当座比率は流動比率より（　ウ　）ため、不良在庫になっている棚卸資産があると判断することができる。

---

① （ア） 低い　　（イ）　　83.3　　（ウ） 高い
② （ア） 低い　　（イ）　116.7　　（ウ） 高い
③ （ア） 高い　　（イ）　　83.3　　（ウ） 低い
④ （ア） 高い　　（イ）　116.7　　（ウ） 低い
⑤ （ア） 高い　　（イ）　141.7　　（ウ） 低い

【問9】 次の文章の空欄（ ア ）から（ エ ）に当てはまる語句と数値の適切な組み合わせを選びなさい。

　企業にとって（ ア ）は将来の存続・成長を支える重要な活動である。（ ア ）を営業活動によるキャッシュ・フローの範囲内で行えば、資金の状況が安定するという考え方を反映した指標が（ イ ）である。X1年度の（ イ ）は（ ウ ）、X2年度の（ イ ）は（ エ ）である。

---

① （ア）投資活動　（イ）フリー・キャッシュ・フロー　　　（ウ）80　（エ）△260
② （ア）投資活動　（イ）フリー・キャッシュ・フロー　　　（ウ）220　（エ）△140
③ （ア）投資活動　（イ）現金及び現金同等物の増減額　　　（ウ）280　（エ）△400
④ （ア）財務活動　（イ）フリー・キャッシュ・フロー　　　（ウ）220　（エ）△140
⑤ （ア）財務活動　（イ）現金及び現金同等物の増減額　　　（ウ）280　（エ）△400

【問10】 次の文章について、正誤の組み合わせとして正しいものを選びなさい。

（ア）　X1年度の総資本経常利益率は、4.6％である。

（イ）　X1年度からX2年度にかけて総資本経常利益率が悪化した原因は、売上高経常利益率と総資本回転率の悪化にある。

---

① （ア）正　　（イ）正
② （ア）正　　（イ）誤
③ （ア）誤　　（イ）正
④ （ア）誤　　（イ）誤

【問11】　次の文章について、正誤の組み合わせとして正しいものを選びなさい。

> （ア）　自己資本当期純利益率は、Ｘ１年度からＸ２年度にかけて改善した。
>
> （イ）　財務レバレッジは、Ｘ１年度からＸ２年度にかけて高くなった。

① （ア）　正　　（イ）　正
② （ア）　正　　（イ）　誤
③ （ア）　誤　　（イ）　正
④ （ア）　誤　　（イ）　誤

【問12】　次の文章について、正誤の組み合わせとして正しいものを選びなさい。

> （ア）　１株当たり当期純利益は、Ｘ１年度からＸ２年度にかけて増加した。
>
> （イ）　１株当たり純資産は、Ｘ１年度からＸ２年度にかけて増加した。

① （ア）　正　　（イ）　正
② （ア）　正　　（イ）　誤
③ （ア）　誤　　（イ）　正
④ （ア）　誤　　（イ）　誤

【問１３】　次の文章について、正誤の組み合わせとして正しいものを選びな
　　　　　さい。

（ア）　株価収益率は、企業の利益水準に対して株価が相対的に高いか低
　　　　いかを判定する目安として用いられる指標である。

（イ）　株価収益率は、Ｘ１年度からＸ２年度にかけて高くなった。

---

① （ア）　正　　（イ）　正
② （ア）　正　　（イ）　誤
③ （ア）　誤　　（イ）　正
④ （ア）　誤　　（イ）　誤

【問１４】　次の文章について、正誤の組み合わせとして正しいものを選びな
　　　　　さい。

（ア）　ヒト・モノ・カネの投入量に対する生産量の割合を、生産性という。

（イ）　従業員１人当たり売上高からみると、Ｘ１年度からＸ２年度にか
　　　　けて労働効率が改善された。

---

① （ア）　正　　（イ）　正
② （ア）　正　　（イ）　誤
③ （ア）　誤　　（イ）　正
④ （ア）　誤　　（イ）　誤

Ⅳ 同業のＡ社とＢ社に関する＜資料１＞から＜資料４＞により、【問１】から【問１０】の設問に答えなさい。分析にあたって、貸借対照表数値、発行済株式数、株価および従業員数は期末の数値を用いることとし、純資産を自己資本とみなす。△はマイナスを意味する。なお、計算にあたって端数が出る場合は、選択肢に示されている数値の桁数に応じて四捨五入するものとする。

（本試験　第26回 Ⅳ 改題）

＜資料１＞　貸借対照表 （単位：百万円）

	A社	B社
資産の部		
流動資産		
現金及び預金	2,100	2,350
受取手形	300	500
売掛金	1,500	2,800
有価証券	720	300
商品	900	300
その他	80	50
流動資産合計	（　　　　　）	6,300
固定資産		
有形固定資産		
建物	5,300	8,000
構築物	400	100
備品	（　　　　　）	3,000
有形固定資産合計	（　　　　　）	11,100
無形固定資産		
商標権	－	250
無形固定資産合計	－	250
投資その他の資産		
投資有価証券	550	200
長期前払費用	50	－
繰延税金資産	100	150
投資その他の資産合計	700	350
固定資産合計	（　　　　　）	11,700
資産合計	14,000	18,000

	A社	B社
負債の部		
流動負債		
支払手形	1,000	800
買掛金	1,400	2,200
短期借入金	1,200	1,000
その他	400	500
流動負債合計	4,000	( )
固定負債		
長期借入金	1,200	800
退職給付引当金	300	200
固定負債合計	1,500	1,000
負債合計	5,500	( )
純資産の部		
株主資本		
資本金	7,000	10,000
資本剰余金	500	1,100
利益剰余金		
利益準備金	400	400
その他利益剰余金	550	900
利益剰余金合計	950	1,300
株主資本合計	8,450	12,400
評価・換算差額等		
その他有価証券評価差額金	50	( )
評価・換算差額等合計	50	( )
純資産合計	8,500	( )
負債純資産合計	14,000	18,000

＜資料２＞　損益計算書

(単位：百万円)

	A社	B社
売上高	20,000	30,000
売上原価	（ア　　　　）	（　　　　　）
売上総利益	（　　　　　）	（　　　　　）
販売費及び一般管理費	（　　　　　）	2,600
営業利益	800	（　　　　　）
営業外収益	250	140
営業外費用	50	240
経常利益	1,000	（　　　　　）
特別利益	50	40
特別損失	50	340
税引前当期純利益	1,000	（　　　　　）
法人税、住民税及び事業税	270	450
法人税等調整額	△ 70	△ 50
当期純利益	800	（イ　　　　）

＜資料３＞　キャッシュ・フロー計算書

(単位：百万円)

	A社	B社
営業活動によるキャッシュ・フロー	6,000	4,700
投資活動によるキャッシュ・フロー	△ 3,000	△ 3,500
財務活動によるキャッシュ・フロー	△ 1,500	500
現金及び現金同等物の増減額	1,500	1,700
現金及び現金同等物の期首残高	500	100
現金及び現金同等物の期末残高	2,000	1,800

＜資料４＞　その他のデータ

A社	
期首商品棚卸高　　650 百万円	期末商品棚卸高　900 百万円
当期商品仕入高　17,000 百万円	流動比率　140%
発行済株式数　10 百万株　1 株株価　2,000 円　従業員数　200 人	

B社	
流動負債の貸借対照表構成比率　25%	総資本経常利益率　10%
発行済株式数　10 百万株　1 株株価　2,500 円　従業員数　250 人	

【問１】　＜資料２＞の空欄（　ア　）に当てはまる数値を選びなさい。

① 16,250　② 16,500　③ 16,750　④ 17,000　⑤ 17,250

【問２】　＜資料２＞の空欄（　イ　）に当てはまる数値を選びなさい。

① 1,000　② 1,100　③ 1,200　④ 1,300　⑤ 1,400

【問３】　Ａ社のフリー・キャッシュ・フローを計算し、正しい数値を選びなさい。

① 1,000　② 1,500　③ 2,000　④ 2,500　⑤ 3,000

【問４】　次の文章について、正誤の組み合わせとして正しいものを選びなさい。

（ア）　売上高売上原価率（％）と粗利益率（％）を足すと、100％になる。
（イ）　売上高売上原価率は、Ａ社の方が良い。

① （ア）正　（イ）正
② （ア）正　（イ）誤
③ （ア）誤　（イ）正
④ （ア）誤　（イ）誤

【問5】 次の文章について、正誤の組み合わせとして正しいものを選びなさい。

(ア) 自己資本比率は、貸借対照表における資金の運用側のバランスを見る安全性の指標の1つである。

(イ) 自己資本比率は、A社の方が良い。

① (ア) 正　　(イ) 正
② (ア) 正　　(イ) 誤
③ (ア) 誤　　(イ) 正
④ (ア) 誤　　(イ) 誤

【問6】 次の文章について、正誤の組み合わせとして正しいものを選びなさい。

(ア) 総資本営業利益率は、投下している資金総額で、本業での業績を表す営業利益をどれだけ稼いだかを示す指標である。

(イ) 総資本営業利益率は、A社の方が良い。

① (ア) 正　　(イ) 正
② (ア) 正　　(イ) 誤
③ (ア) 誤　　(イ) 正
④ (ア) 誤　　(イ) 誤

【問7】　次の文章について、正誤の組み合わせとして正しいものを選びなさい。

（ア）　自己資本当期純利益率は、株主の出資に対する安全性を判断するための指標である。

（イ）　自己資本当期純利益率は、A社の方が良い。

① （ア）　正　　（イ）　正
② （ア）　正　　（イ）　誤
③ （ア）　誤　　（イ）　正
④ （ア）　誤　　（イ）　誤

【問8】　次の文章について、正誤の組み合わせとして正しいものを選びなさい。

（ア）　株価純資産倍率は、純資産の市場評価額が貸借対照表計上額よりも大きいと見込まれる場合には、1倍を上回る。

（イ）　A社の株価純資産倍率は、B社より低い。

① （ア）　正　　（イ）　正
② （ア）　正　　（イ）　誤
③ （ア）　誤　　（イ）　正
④ （ア）　誤　　（イ）　誤

【問9】 次の文章について、正誤の組み合わせとして正しいものを選びなさい。

（ア） 株価収益率は、投資者が今、株式を購入するとすれば、利益水準に対して株価が何倍であるかを示す指標である。

（イ） A社の株価収益率は、B社より高い。

---

① （ア） 正　　（イ） 正
② （ア） 正　　（イ） 誤
③ （ア） 誤　　（イ） 正
④ （ア） 誤　　（イ） 誤

【問10】 次の文章について、正誤の組み合わせとして正しいものを選びなさい。

（ア） 従業員1人当たり売上高からみると、販売面の労働効率はA社の方が良い。

（イ） A社が同じ従業員数で売上高10％アップを実現したとすると、A社の従業員1人当たり売上高からみた販売効率はB社を上回る。

---

① （ア） 正　　（イ） 正
② （ア） 正　　（イ） 誤
③ （ア） 誤　　（イ） 正
④ （ア） 誤　　（イ） 誤

ビジネス会計検定試験

［3　　級］

（午後 1 時 30 分開始　制限時間 2 時間）

厳選過去問
第 2 回
問　　題

（問題は全部で 27 ページ）

（実際の試験では、以下の文言が記載されています。）

注意事項

1．解答用紙へのマーク記入にあたっては、硬度 HB または B の黒鉛筆、シャープペンシルを使用すること。
2．誤ってマークしたときは、跡の残らないように消しゴムで消すこと。
3．解答欄には、各問につき 1 つのみマークすること。
4．解答用紙は、必ず提出すること。
5．解答用紙は直接コンピュータで読み取るので、折り曲げたり汚したりしないこと。
6．問題用紙の●、●、●、●、●、●ページは、切り離しが可能です。
　　また、●、●、●、●、●、●ページは、白紙です。

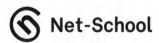

https://www.net-school.co.jp/
© Net-School

次の【問1】から【問11】の設問に答えなさい。

【問1】　次の文章について、正誤の組み合わせとして正しいものを選びなさい。

（ア）　企業の情報を開示することを、ディスクロージャーという。

（イ）　会社法は、主に投資者の保護を目的としている。

---

① （ア）　正　　（イ）　正
② （ア）　正　　（イ）　誤
③ （ア）　誤　　（イ）　正
④ （ア）　誤　　（イ）　誤

【問2】　次の文章について、正誤の組み合わせとして正しいものを選びなさい。

（ア）　貸借対照表の項目を流動性の低いものから順に配列する方法を、流動性配列法という。

（イ）　貸借対照表において、その項目の性質や金額について重要性が乏しい場合は、簡潔に示すことが認められている。

---

① （ア）　正　　（イ）　正
② （ア）　正　　（イ）　誤
③ （ア）　誤　　（イ）　正
④ （ア）　誤　　（イ）　誤

【問3】　次の文章について、正誤の組み合わせとして正しいものを選びなさい。

（ア）　商品は、販売する目的で保有している財貨である。

（イ）　完成した製品は棚卸資産に含まれるが、製造途上の仕掛品は含まれない。

① （ア）正　　（イ）正
② （ア）正　　（イ）誤
③ （ア）誤　　（イ）正
④ （ア）誤　　（イ）誤

【問4】　次の文章について、正誤の組み合わせとして正しいものを選びなさい。

（ア）　有形固定資産の取得原価を、利用期間にわたって計画的・規則的に費用として各期間に配分することを、減価償却という。

（イ）　有形固定資産には、減価償却の対象とならない資産も含まれる。

① （ア）正　　（イ）正
② （ア）正　　（イ）誤
③ （ア）誤　　（イ）正
④ （ア）誤　　（イ）誤

【問5】 次の文章について、正誤の組み合わせとして正しいものを選びなさい。

（ア） 貸付金のうち、決算日の翌日から起算して1年を超えて期限が到来するものは、投資その他の資産に記載される。

（イ） 投資その他の資産に記載される投資有価証券には、売買目的有価証券も含まれる。

---

① （ア） 正　　（イ） 正
② （ア） 正　　（イ） 誤
③ （ア） 誤　　（イ） 正
④ （ア） 誤　　（イ） 誤

【問6】 次の文章について、正誤の組み合わせとして正しいものを選びなさい。

（ア） 有価証券の購入の際に生じた未払額は、買掛金に含まれる。

（イ） 商品を提供していない時点で受け取った代金は、売掛金に含まれる。

---

① （ア） 正　　（イ） 正
② （ア） 正　　（イ） 誤
③ （ア） 誤　　（イ） 正
④ （ア） 誤　　（イ） 誤

【問7】 次の文章について、正誤の組み合わせとして正しいものを選びなさい。

（ア） 損益計算書において本業のもうけを示しているのは、経常利益である。

（イ） 営業活動で損失が出ていても、損益計算書において当期純利益が計上されることもある。

---

① （ア） 正　　（イ） 正
② （ア） 正　　（イ） 誤
③ （ア） 誤　　（イ） 正
④ （ア） 誤　　（イ） 誤

【問8】 次の文章について、正誤の組み合わせとして正しいものを選びなさい。

（ア） 商業における売上原価は、期首商品棚卸高と当期商品仕入高の合計額から期末商品棚卸高を控除した金額である。

（イ） 売上総利益は、粗利益とも呼ばれる。

---

① （ア） 正　　（イ） 正
② （ア） 正　　（イ） 誤
③ （ア） 誤　　（イ） 正
④ （ア） 誤　　（イ） 誤

【問9】　次の文章について、正誤の組み合わせとして正しいものを選びなさい。

（ア）　営業外費用とは、臨時的に発生した費用である。

（イ）　法人税等調整額とは、税務上の課税額と会計上の税額の差額を調整する際に損益計算書に計上される項目である。

① （ア）　正　　（イ）　正
② （ア）　正　　（イ）　誤
③ （ア）　誤　　（イ）　正
④ （ア）　誤　　（イ）　誤

【問10】　キャッシュ・フロー計算書に関する次の文章について、正誤の組み合わせとして正しいものを選びなさい。

（ア）　現金同等物は、容易に換金可能であり、かつ、価値の変動についてわずかなリスクしか負わない短期の投資をいう。

（イ）　現金同等物に何を含めているかは、財務諸表の注記に記載される。

① （ア）　正　　（イ）　正
② （ア）　正　　（イ）　誤
③ （ア）　誤　　（イ）　正
④ （ア）　誤　　（イ）　誤

【問11】 次の文章について、正誤の組み合わせとして正しいものを選びな
さい。

（ア） 今年度の売上高が 100 で、毎年 20％の伸び率が続くとすると、
3 年後の売上高は 160 となる。

（イ） 伸び率は、マイナスの値にはならない。

---

① （ア） 正　　（イ）　正
② （ア） 正　　（イ）　誤
③ （ア） 誤　　（イ）　正
④ （ア） 誤　　（イ）　誤

Ⅱ 次の【問1】から【問10】の設問に答えなさい。

（本試験　第21回 Ⅱ）

【問1】　次の文章の空欄（　ア　）から（　ウ　）に当てはまる語句の適切
　　　　な組み合わせを選びなさい。

　　事業を行うすべての株式会社に適用される（　ア　）上の（　イ　）
　には、貸借対照表、損益計算書、株主資本等変動計算書、（　ウ　）が
　含まれる。

---

① （ア）　会社法　　　　　　（イ）　計算書類　　（ウ）　個別注記表
② （ア）　会社法　　　　　　（イ）　計算書類　　（ウ）　附属明細表
③ （ア）　会社法　　　　　　（イ）　財務諸表　　（ウ）　附属明細表
④ （ア）　金融商品取引法　　（イ）　計算書類　　（ウ）　個別注記表
⑤ （ア）　金融商品取引法　　（イ）　財務諸表　　（ウ）　附属明細表

【問2】　次の文章の空欄（　ア　）と（　イ　）に当てはまる語句の適切な
　　　　組み合わせを選びなさい。

　　建物や土地のような（　ア　）の原則的な評価基準は、（　イ　）である。

---

① （ア）　金融資産　　　　（イ）　時価
② （ア）　金融資産　　　　（イ）　取得原価
③ （ア）　事業用資産　　　（イ）　時価
④ （ア）　事業用資産　　　（イ）　取得原価

【問3】 次の項目のうち、無形固定資産に該当するものの個数を選びなさい。

| 建設仮勘定　　のれん　　特許権　　ソフトウェア　　繰延税金資産 |

① 1つ　② 2つ　③ 3つ　④ 4つ　⑤ 5つ

【問4】 次の文章の空欄 （　ア　）と（　イ　）に当てはまる語句の適切な
組み合わせを選びなさい。

| 　株式会社が保有している発行済みの自社株式を（　ア　）といい、（　イ　）に記載される。 |

① （ア）自己株式　　　　（イ）株主資本
② （ア）自己株式　　　　（イ）投資その他の資産
③ （ア）関連会社株式　　（イ）株主資本
④ （ア）関連会社株式　　（イ）投資その他の資産

【問5】 次の文章の空欄 （　ア　）と（　イ　）に当てはまる語句の適切な
組み合わせを選びなさい。

| 　損益計算書は、（　ア　）を示すものである。損益計算書において、費用は（　イ　）にもとづいて計上される。 |

① （ア）一定時点の財政状態　　（イ）実現主義
② （ア）一定時点の財政状態　　（イ）発生主義
③ （ア）一定期間の経営成績　　（イ）実現主義
④ （ア）一定期間の経営成績　　（イ）発生主義

【問6】　次の項目のうち、財務活動によるキャッシュ・フローの区分に記載
　　　　されるものの適切な組み合わせを選びなさい。

ア．貸付金の回収による収入　　イ．株式の発行による収入
ウ．有価証券の売却による収入　エ．自己株式の取得による支出
オ．社債の償還による支出

---

① アイオ　② アウエ　③ アウオ　④ イウエ　⑤ イエオ

【問7】　Ａ社のキャッシュ・フローに関する次の説明文により、空欄
　　　　（　ア　）と（　イ　）に当てはまる記号の適切な組み合わせを選び
　　　　なさい。なお、＋・－は、各活動区分の数値がプラス・マイナスであ
　　　　ることを示している。

　Ａ社は、営業活動により生み出したキャッシュと、土地の売却により
回収したキャッシュを、借入金の返済に充てた。

	営業活動	投資活動	財務活動
Ａ社のキャッシュ・フロー	（　　　　）	（ア　　　）	（イ　　　）

① （ア）　＋　（イ）　＋
② （ア）　＋　（イ）　－
③ （ア）　－　（イ）　＋
④ （ア）　－　（イ）　－

【問8】 次の文章の空欄（　ア　）と（　イ　）に当てはまる語句の適切な
　　　　組み合わせを選びなさい。

　　正味運転資本は（　ア　）の指標であり、その値がマイナスの場合、
流動比率は100％を（　イ　）。

---

① （ア）　比率分析　　（イ）　上回る
② （ア）　比率分析　　（イ）　下回る
③ （ア）　実数分析　　（イ）　上回る
④ （ア）　実数分析　　（イ）　下回る

【問9・問10共通】
　　次の文章について、【問9】と【問10】の設問に答えなさい。

ア．土地を売却して30の損失が生じた。

イ．広告にかかる費用が50生じた。

ウ．投資有価証券を売却して20の利益が生じた。

エ．借入金に対して10の利息が生じた。

オ．退職給付にかかる費用が5生じた。

カ．決算時に売買目的有価証券の時価が帳簿価額より15上昇していた。

キ．預金からの利息が5あった。

【問9】 アからキのうち、販売費及び一般管理費に計上されるものの適切な
　　　　組み合わせを選びなさい。

① アイ　② アエ　③ イエ　④ イオ　⑤ エオ

【問10】 アからキのうち、特別利益に計上されるものを選びなさい。

① ウ　② エ　③ カ　④ キ　⑤ なし

Ⅲ A社に関する＜資料１＞から＜資料４＞により、【問１】から【問13】の設問に答えなさい。分析にあたって、貸借対照表数値と発行済株式数は期末の数値を用いることとし、純資産を自己資本とみなす。△はマイナスを意味する。また、計算にあたって端数が出る場合は、選択肢の桁数に応じて四捨五入するものとする。なお、貸借対照表の現金及び預金とキャッシュ・フロー計算書の現金及び現金同等物は等しいものとする。 （本試験 第21回 Ⅲ）

＜資料１＞ 貸借対照表 （単位：百万円）

資産の部	
流動資産	
現金及び預金	（ ）
受取手形	3,000
売掛金	60,000
棚卸資産	90,000
短期貸付金	3,000
その他	200
流動資産合計	（ ）
固定資産	
有形固定資産	
建物	20,000
機械装置	10,000
車両運搬具	10,000
土地	60,000
有形固定資産合計	100,000
無形固定資産	
特許権	400
無形固定資産合計	400
投資その他の資産	
投資有価証券	2,000
その他	7,000
投資その他の資産合計	9,000
固定資産合計	109,400
繰延資産	
開発費	4,400
繰延資産合計	4,400
資産合計	（ ）

負債の部	
流動負債	
支払手形	53,000
買掛金	10,000
短期借入金	60,000
未払費用	100
未払法人税等	400
預り金	500
その他	9,000
流動負債合計	133,000
固定負債	
社債	( )
長期借入金	10,000
固定負債合計	(ア)
負債合計	( )
純資産の部	
株主資本	
資本金	50,000
資本剰余金	20,000
利益剰余金	80,000
株主資本合計	150,000
純資産合計	150,000
負債純資産合計	( )

＜資料２＞　損益計算書　（単位：百万円）

売上高	（イ　　　　）
売上原価	（ウ　　　　）
売上総利益	（　　　　　）
販売費及び一般管理費	（　　　　　）
営業利益	（　　　　　）
営業外収益	1,680
営業外費用	4,800
経常利益	（　　　　　）
特別利益	984
特別損失	2,880
税引前当期純利益	（　　　　　）
法人税等合計	884
当期純利益	（エ　　　　）

＜資料３＞　キャッシュ・フロー計算書　（単位：百万円）

営業活動によるキャッシュ・フロー	5,770
投資活動によるキャッシュ・フロー	（　　　　　）
財務活動によるキャッシュ・フロー	△4,450
現金及び現金同等物の増減額	（　　　　　）
現金及び現金同等物の期首残高	28,700
現金及び現金同等物の期末残高	（オ　　　　）

＜資料４＞　その他のデータ

流動比率　140％	純資産の貸借対照表構成比率　50％
前年度売上高　500,000百万円	売上高の対前年度比率　96％
売上高売上原価率　70％	発行済株式数　210百万株
１株当たり当期純利益　10円	

【問1】 ＜資料１＞の空欄 （ ア ） に当てはまる数値を選びなさい。

① 10,000　② 12,000　③ 15,000　④ 17,000　⑤ 20,000

【問２】 ＜資料２＞の空欄 （ イ ） に当てはまる数値を選びなさい。

① 450,000　② 480,000　③ 500,000　④ 520,000　⑤ 550,000

【問３】 ＜資料２＞の空欄 （ ウ ） に当てはまる数値を選びなさい。

① 315,000　② 320,000　③ 336,000　④ 350,000　⑤ 366,200

【問４】 ＜資料２＞の空欄 （ エ ） に当てはまる数値を選びなさい。

① △ 2,100　② △ 2,000　③ 2,000　④ 2,100　⑤ 2,200

【問５】 ＜資料３＞の空欄 （ オ ） に当てはまる数値を選びなさい。

① 25,800　② 28,800　③ 30,000　④ 38,000　⑤ 53,800

【問6】　次の文章について、正誤の組み合わせとして正しいものを選びなさい。

（ア）　正味運転資本は、流動的な資金の正味額を意味する。

（イ）　A社の正味運転資本は、36,200百万円である。

---

① （ア）　正　　（イ）　正
② （ア）　正　　（イ）　誤
③ （ア）　誤　　（イ）　正
④ （ア）　誤　　（イ）　誤

【問7】　次の文章について、正誤の組み合わせとして正しいものを選びなさい。

（ア）　不良在庫が多額になると、流動比率は高いのに当座比率が低いという状況になりうる。

（イ）　A社の当座比率は、60％を超えている。

---

① （ア）　正　　（イ）　正
② （ア）　正　　（イ）　誤
③ （ア）　誤　　（イ）　正
④ （ア）　誤　　（イ）　誤

【問8】 次の文章について、正誤の組み合わせとして正しいものを選びなさい。

(ア) 自己資本比率は、貸借対照表における資金の運用側のバランスを見る指標である。

(イ) A社の自己資本比率は20％以下であり、弁済を要しない資金源泉の割合が低い。

---

① （ア） 正 （イ） 正
② （ア） 正 （イ） 誤
③ （ア） 誤 （イ） 正
④ （ア） 誤 （イ） 誤

【問9】 次の文章について、正誤の組み合わせとして正しいものを選びなさい。

(ア) フリー・キャッシュ・フローが、マイナスとなることはない。

(イ) A社のフリー・キャッシュ・フローは、5,750百万円である。

---

① （ア） 正 （イ） 正
② （ア） 正 （イ） 誤
③ （ア） 誤 （イ） 正
④ （ア） 誤 （イ） 誤

【問１０】 次の文章について、正誤の組み合わせとして正しいものを選びな
さい。

（ア） 対前年度比率は総額での期間推移を比率で表し、伸び率は増減の
純額を比率で表すものである。

（イ） A社の現金及び預金の伸び率は、4.5％である。

---

① （ア） 正 　 （イ） 正
② （ア） 正 　 （イ） 誤
③ （ア） 誤 　 （イ） 正
④ （ア） 誤 　 （イ） 誤

【問１１】 次の文章について、正誤の組み合わせとして正しいものを選びな
さい。

（ア） 自己資本当期純利益率は、株主の出資に対する収益性を判断する
ための指標である。

（イ） A社の自己資本当期純利益率は、0.7％である。

---

① （ア） 正 　 （イ） 正
② （ア） 正 　 （イ） 誤
③ （ア） 誤 　 （イ） 正
④ （ア） 誤 　 （イ） 誤

【問１２】 次の文章について、正誤の組み合わせとして正しいものを選びなさい。

（ア） 総資本回転率は、企業の投下資本総額が売上高を生み出す効率を見る指標である。

（イ） Ａ社の総資本回転率は、1.6 回である。

---

① （ア） 正　　（イ） 正
② （ア） 正　　（イ） 誤
③ （ア） 誤　　（イ） 正
④ （ア） 誤　　（イ） 誤

【問１３】 次の文章について、正誤の組み合わせとして正しいものを選びなさい。

（ア） 財務レバレッジを高めるには、総資本に対する自己資本の割合を増やせばよい。

（イ） Ａ社の財務レバレッジは、50.0％である。

---

① （ア） 正　　（イ） 正
② （ア） 正　　（イ） 誤
③ （ア） 誤　　（イ） 正
④ （ア） 誤　　（イ） 誤

Ⅳ A社とB社に関する＜資料１＞から＜資料３＞により、【問１】から【問１６】の設問に答えなさい。分析にあたって、貸借対照表数値、発行済株式数、株価および従業員数については期末の数値を用いることとし、純資産を自己資本とみなす。△はマイナスを意味する。

（本試験　第21回　Ⅳ　一部改題※）

＜資料１＞　貸借対照表　　　　　　　　　　　　　　（単位：百万円）

	A社	B社
資産の部		
流動資産		
現金及び預金	2,000	1,800
受取手形	1,200	1,700
売掛金	2,200	1,300
有価証券	1,500	400
商品	300	370
その他	400	300
流動資産合計	7,600	5,870
固定資産		
有形固定資産		
建物	10,000	（　　　）
備品	5,000	7,000
有形固定資産合計	15,000	（　　　）
無形固定資産		
特許権	800	－
ソフトウェア	400	500
無形固定資産合計	1,200	500
投資その他の資産		
投資有価証券	400	130
投資その他の資産合計	400	130
固定資産合計	16,600	（　　　）
繰延資産		
開発費	800	500
繰延資産合計	800	500
資産合計	25,000	（　　　）

	A社	B社
負債の部		
流動負債		
支払手形	2,000	1,700
買掛金	（ア　　　）	1,500
短期借入金	2,400	2,000
その他	400	300
流動負債合計	（　　　）	5,500
固定負債		
長期借入金	（　　　）	600
退職給付引当金	200	700
固定負債合計	（　　　）	1,300
負債合計	（　　　）	6,800
純資産の部		
株主資本		
資本金	8,500	9,000
資本剰余金	1,500	1,650
利益剰余金	5,350	2,870
自己株式	－	（イ　　　）
株主資本合計	15,350	（　　　）
評価・換算差額等		
その他有価証券評価差額金	50	30
評価・換算差額等合計	50	30
純資産合計	15,400	（　　　）
負債純資産合計	25,000	（　　　）

※会計基準の変更により、繰延税金資産が固定資産の区分にのみ計上されることとなったため、＜資料１＞の流動資産に記載されていた繰延税金資産を削除し、流動資産の「その他」の金額に合算した。

＜資料２＞　損益計算書

（単位：百万円）

	A社	B社
売上高	（ウ　　　　）	（　　　　　）
売上原価	12,000	（エ　　　　）
売上総利益	（　　　　　）	（　　　　　）
販売費及び一般管理費	1,800	1,500
営業利益	（　　　　　）	（　　　　　）
営業外収益	600	550
営業外費用	300	450
経常利益	（　　　　　）	（　　　　　）
特別利益	200	150
特別損失	200	150
税引前当期純利益	（　　　　　）	（　　　　　）
法人税、住民税及び事業税	420	280
法人税等調整額	△ 200	△ 100
法人税等合計	（　　　　　）	（　　　　　）
当期純利益	（オ　　　　）	（　　　　　）

＜資料３＞　その他のデータ

A社
流動比率　100％　　総資本回転率　0.6 回　　発行済株式数　10 百万株
1 株株価　1,500 円　　従業員数　250 人
B社
固定負債の貸借対照表構成比率　6.5％　　　総資本経常利益率　5％
売上高売上総利益率　20％　　　　　　　発行済株式数　10 百万株
1 株株価　1,800 円　　　　　　　　　　従業員数　200 人

【問1】　＜資料1＞の空欄（　ア　）に当てはまる数値を選びなさい。

①　2,700　　②　2,800　　③　2,900　　④　3,000　　⑤　3,100

【問2】 ＜資料1＞の空欄 （ イ ）に当てはまる数値を選びなさい。

① △ 350   ② △ 320   ③ 290   ④ 320   ⑤ 350

【問3】 ＜資料2＞の空欄 （ ウ ）に当てはまる数値を選びなさい。

① 10,000   ② 12,000   ③ 13,000   ④ 14,000   ⑤ 15,000

【問4】 ＜資料2＞の空欄 （ エ ）に当てはまる数値を選びなさい。

① 9,200   ② 9,300   ③ 9,400   ④ 9,500   ⑤ 9,600

【問5】 ＜資料2＞の空欄 （ オ ）に当てはまる数値を選びなさい。

① 1,180   ② 1,280   ③ 1,380   ④ 1,480   ⑤ 1,580

【問6】 次の文章について、正誤の組み合わせとして正しいものを選びなさい。

(ア) 売上債権は、Ａ社の方が多い。

(イ) 仕入債務は、Ａ社の方が多い。

① （ア）正　　（イ）正
② （ア）正　　（イ）誤
③ （ア）誤　　（イ）正
④ （ア）誤　　（イ）誤

【問7】 次の文章について、正誤の組み合わせとして正しいものを選びなさい。

（ア） A社の売上高販売費及び一般管理費率は、12％である。

（イ） B社の販売費及び一般管理費が実績値よりあと100百万円少なければ、B社の売上高販売費及び一般管理費率はA社より低くなっていた。

---

① （ア） 正　　（イ） 正
② （ア） 正　　（イ） 誤
③ （ア） 誤　　（イ） 正
④ （ア） 誤　　（イ） 誤

【問8】 次の文章について、正誤の組み合わせとして正しいものを選びなさい。

（ア） 売上高営業利益率は、B社の方が良い。

（イ） B社の営業利益が実績値よりあと60百万円多ければ、A社と同じ売上高営業利益率になっていた。

---

① （ア） 正　　（イ） 正
② （ア） 正　　（イ） 誤
③ （ア） 誤　　（イ） 正
④ （ア） 誤　　（イ） 誤

【問9】 次の文章の空欄（ ア ）と（ イ ）に当てはまる語句の適切な組み合わせを選びなさい。

流動比率からみた（ ア ）は、（ イ ）の方が良い。

---

① （ア） 安全性　　　（イ） A社
② （ア） 安全性　　　（イ） B社
③ （ア） 収益性　　　（イ） A社
④ （ア） 収益性　　　（イ） B社

【問１０】 次の文章について、正誤の組み合わせとして正しいものを選びなさい。

（ア） 総資本経常利益率は、投下している資金総額で、企業の業績を表す利益と位置づけられている経常利益をどれだけ稼いだかを示す指標である。
（イ） 総資本経常利益率は、A社の方が良い。

---

① （ア） 正　　　（イ） 正
② （ア） 正　　　（イ） 誤
③ （ア） 誤　　　（イ） 正
④ （ア） 誤　　　（イ） 誤

【問11】　次の文章について、正誤の組み合わせとして正しいものを選びなさい。

（ア）　総資本利益率は、総資本回転率と売上高利益率に分解することができる。

（イ）　売上高経常利益率は、A社の方が良い。

---

① （ア）正　　（イ）正
② （ア）正　　（イ）誤
③ （ア）誤　　（イ）正
④ （ア）誤　　（イ）誤

【問12】　次の文章について、正誤の組み合わせとして正しいものを選びなさい。

（ア）　当期純利益が同額の場合、発行済株式数が多いほど1株当たり当期純利益は小さくなる。

（イ）　B社の1株当たり当期純利益は、80円である。

---

① （ア）正　　（イ）正
② （ア）正　　（イ）誤
③ （ア）誤　　（イ）正
④ （ア）誤　　（イ）誤

【問13】 次の文章について、正誤の組み合わせとして正しいものを選びなさい。

（ア） 株価収益率は、企業の利益水準に対して株価が相対的に高いか低いかを判定する目安として用いられる。

（イ） 株価収益率は、A社の方が高い。

---

① （ア） 正　　（イ） 正
② （ア） 正　　（イ） 誤
③ （ア） 誤　　（イ） 正
④ （ア） 誤　　（イ） 誤

【問14】 次の文章について、正誤の組み合わせとして正しいものを選びなさい。

（ア） 1株当たり純資産は、最低株価の目安として用いられる。

（イ） 1株当たり純資産は、A社の方が大きい。

---

① （ア） 正　　（イ） 正
② （ア） 正　　（イ） 誤
③ （ア） 誤　　（イ） 正
④ （ア） 誤　　（イ） 誤

【問１５】　次の文章について、正誤の組み合わせとして正しいものを選びな
　　　　　さい。

（ア）　株価純資産倍率は、１株当たり純資産が１株当たり株式時価の何
　　　　倍かを示す指標である。
（イ）　株価純資産倍率は、Ａ社の方が高い。

---

① （ア）　正　　（イ）　正
② （ア）　正　　（イ）　誤
③ （ア）　誤　　（イ）　正
④ （ア）　誤　　（イ）　誤

【問１６】　次の文章について、正誤の組み合わせとして正しいものを選びな
　　　　　さい。

（ア）　従業員１人当たり売上高は、定性情報における労働効率指標であ
　　　　る。
（イ）　従業員１人当たり売上高は、Ａ社の方が大きい。

---

① （ア）　正　　（イ）　正
② （ア）　正　　（イ）　誤
③ （ア）　誤　　（イ）　正
④ （ア）　誤　　（イ）　誤

解 答 解 説

本試験では２つの文章の正誤の組み合わせが出題されるけど、
結局は一問一答の正誤と同じ。
だからまずは、基本問題がしっかりできるようになろう。

実は本試験でも出題されているような問題がいっぱいなんだよね。

解答は大阪商工会議所が発表したものに従い、
解説はネットスクールで作成したものです。

❷ 基本問題　貸借対照表が表しているもの 問題…P.6

(1) | × |

(2) | (ア) | 負　　　債 | (イ) | 資　　　本 | (ウ) | 調 達 源 泉 |

| (エ) | 資　　　産 | (オ) | 運 用 形 態 |

解説

　　勘定式の貸借対照表では、右側に資金の調達源泉、左側にその資金の運用形態が示されている。

❸ 基本問題　貸借対照表の構造 問題…P.12

(1) | × | (2) | × | (3) | × | (4) | × | (5) | × | (6) | × | (7) | ○ | (8) | × |

解説

(1)　貸借対照表は、一定時点の企業の財政状態を示している。

(2)　貸借対照表は、一定時点の企業の財政状態を示したものである。

(3)　1年基準（ワンイヤー・ルール）によっても分類される。

(4)　1年基準（ワンイヤー・ルール）によっても分類される。
　　　また、資産の部には繰延資産の区分もある。

(5)　貸借対照表において、繰延資産は、資産の部に独立した区分で記載される。なお「投資その他の資産」は、固定資産を細分化したときの区分の1つである。

(6)　未払法人税等は、翌期に支払われるので流動負債に記載される。

(7)　新株予約権は、純資産の部に独立した区分で表示される。

(8)　新株予約権は、純資産の部に独立した区分で表示される。

④ 基本問題　資産の分類

問題…P.17

(1) ◯　(2) ✕　(3) ◯　(4) ◯　(5) ◯

解説

(2) 仕掛品も製造・販売する目的で保有している財貨であり、棚卸資産となる。

(5) 貸付金のうち、決算日の翌日から起算して1年以内に期限が到来するものは、流動資産に記載される。

⑤ 基本問題　貸借対照表のルール

問題…P.22

(1) ◯　(2) ✕　(3) ◯　(4) ◯　(5) ◯

解説

(2) 貸借対照表の項目を流動性の高いものから順に配列する方法を、流動性配列法という。

(3) 総額主義の原則という。

(4) 総額主義の原則という。

(5) 重要性の原則という。

	＜×１年度＞		＜×２年度＞	
① 流動比率	184.7	(%)	147.9	(%)
② 当座比率	149.8	(%)	113.9	(%)
③ 自己資本比率	45.0	(%)	36.3	(%)

解説

① 流動比率（%）＝ $\dfrac{流動資産}{流動負債}$ ×100（%）

＜×１年度＞

$$\frac{7,940}{4,300} \times 100 = 184.7 \,（\%）$$

＜×２年度＞

$$\frac{6,964}{4,710} \times 100 = 147.9 \,（\%）$$

② 当座比率（%）＝ $\dfrac{当座資産}{流動負債}$ ×100（%）

当座資産＝流動資産－棚卸資産

＜×１年度＞

$$\frac{7,940 - 1,500}{4,300} \times 100 = 149.8（\%）$$

＜×２年度＞

$$\frac{6,964 - 1,600}{4,710} \times 100 = 113.9（\%）$$

③ 自己資本比率（%）＝ $\dfrac{自己資本}{総資本}$ ×100（%）

＜×１年度＞

$$\frac{4,500}{10,000} \times 100 = 45.0 \,（\%）$$

＜×２年度＞

$$\frac{3,990}{11,000} \times 100 = 36.3 \,（\%）$$

(1) ○ (2) × (3) × (4) × (5) ○ (6) ○ (7) ○ (8) ○

(9) ○ (10) × (11) ○ (12) × (13) × (14) ○

解説

(2)　損益計算書は、ある一定期間における企業の経営成績を示したものである。

(3)　建物を売却して生じた損失は、特別損失に含まれる。

(4)　臨時的に発生した費用は特別損失という。

(6)　投資有価証券売却損は特別損失、投資有価証券売却益は特別利益に区分される。

(10)　粗利益とも呼ばれるのは、売上総利益である。

(12)　損益計算書において本業のもうけを示しているのは、営業利益である。

(13)　法人税、住民税及び事業税のことは、法人税等という。

(1) ✕ (2) ✕ (3) ◯ (4) ✕ (5) ◯ (6) ◯ (7) ✕

解説

(1) 損益計算書には、収益とこれに対応する費用をその発生源泉に応じて総額で記載する。（総額主義の原則という。）

(2) 費用は、**発生**主義により計上される。
実現主義で計上されるのは収益である。

(4) 収益は、原則として**実現**主義で計上する。

(5) 費用配分の原則による。

(7) 収益と費用の対応のうち、売上高と売上原価の対応は**個別的対応**にあたる。

⑨ 基本問題　良い損益計算書・悪い損益計算書　問題…P.44

(1) ◯ (2) ◯ (3) ✕ (4) ✕ (5) ✕ (6) ◯

解説

(1) 営業活動で損失が出ていても、多額の営業外収益や特別利益が計上されれば、当期純利益が計上されることもある。

(2) 売買目的の有価証券を売却して得た利益は営業外収益なので、経常利益を増加させる。

(3) 長期保有目的の有価証券（その他有価証券）を売却して得た利益は特別利益なので、経常利益は増加させない。固定資産の区分に記載されている資産の売買損益は、原則として特別損益と考える。

(4) 売買目的の有価証券の時価が帳簿価額より下落すると、営業外費用となるので、経常利益を減少させる。

(5) 借入金に対する利息を支払うと、営業外費用となるので、経常利

益を減少させる。

(6) 所有する株式から配当金を得ると、営業外収益となるので経常利益が増加する。

⑩ 基本問題　損益計算書の財務分析

問題…P.52

	＜×1年度＞		＜×2年度＞	
① 売上高売上総利益率	45.0	(%)	65.7	(%)
② 売上高営業利益率	5.0	(%)	17.2	(%)
③ 売上高経常利益率	3.0	(%)	13.6	(%)
④ 売上高当期純利益率	2.9	(%)	12.2	(%)
⑤ 売上高原価率 （原価率）	55.0	(%)	34.3	(%)
⑥ 売上高費用率 （費用率）	40.0	(%)	48.5	(%)

解説

①売上高売上総利益率

＜×1年度＞

$$\frac{4,500}{10,000} \times 100 = 45.0 （\%）$$

＜×2年度＞

$$\frac{6,500}{9,900} \times 100 = 65.7 （\%）$$

②売上高営業利益率

<×1年度>

$$\frac{500}{10,000} \times 100 = 5.0 \text{（%）}$$

<×2年度>

$$\frac{1,700}{9,900} \times 100 = 17.2 \text{（%）}$$

③売上高経常利益率

<×1年度>

$$\frac{300}{10,000} \times 100 = 3.0 \text{（%）}$$

<×2年度>

$$\frac{1,350}{9,900} \times 100 = 13.6 \text{（%）}$$

④売上高当期純利益率

<×1年度>

$$\frac{290}{10,000} \times 100 = 2.9 \text{（%）}$$

<×2年度>

$$\frac{1,210}{9,900} \times 100 = 12.2 \text{（%）}$$

⑤売上高原価率（原価率）

<×1年度>

$$\frac{5,500}{10,000} \times 100 = 55.0 \text{（%）}$$

<×2年度>

$$\frac{3,400}{9,900} \times 100 = 34.3 \text{（%）}$$

⑥売上高費用率（費用率）

<×1年度>

$$\frac{4,000}{10,000} \times 100 = 40.0 \text{（%）}$$

<×2年度>

$$\frac{4,800}{9,900} \times 100 = 48.5 \text{（%）}$$

(1) ×　(2) ×　(3) ×　(4) ×　(5) ×　(6) ×

解説

(1)　時価の変動により利益を得ることを目的として保有する有価証券
は、流動資産に記載される。

(2)　売買目的有価証券は有価証券として流動資産に記載される。

(3)　金融資産は、原則として時価で評価する。

(4)　利息を受け取ることを目的として、満期まで保有する社債・国債
などの債券は満期保有目的債券という。

(5)　貸借対照表上では、売買目的有価証券は有価証券として流動資産
に表示される。

(6)　投資有価証券は投資その他の資産の区分に記載される。

(1) ×　(2) ×　(3) ○　(4) ×　(5) ×

解説

(1)　時価の変動により利益を得ることを目的として保有する有価証券
は、流動資産に記載される。

(2)　売買目的有価証券は有価証券として流動資産に記載される。

(3)　売買目的の有価証券を売却して得た利益は営業外収益となるの
で、経常利益を増加させる。

(4)　売買目的の有価証券の時価が帳簿価額より下落すると、営業外費
用（有価証券評価損）となるので、経常利益を減少させる。

(5)　売買目的有価証券は、貸借対照表には有価証券として決算時（期
末）の時価で表示する。

⑬ 基本問題　満期保有目的債券

問題…P.64

(1) | ✕ |　(2) | ✕ |　(3) | ◯ |

解説

(1)　満期までの期間が1年以内となった満期保有目的債券は「有価証券」として、流動資産の区分に表示される。

(2)　投資有価証券は、固定資産の投資その他の資産の区分に表示される。

⑭ 基本問題　子会社株式、関連会社株式

問題…P.66

(1) | ✕ |　(2) | ◯ |　(3) | ✕ |　(4) | ✕ |

解説

(1)　関係会社株式は、固定資産（投資その他の資産）に記載される。

(3)　当社が発行済株式数の20%以上50%以下を保有し、経営方針に影響力を持つことができる会社の株式は関連会社株式という。

(4)　子会社株式は支配を目的とし、売買を目的としていないため、決算において時価による評価替えはしない。

⑮ 基本問題　その他有価証券

問題…P.70

(1) | ◯ |　(2) | ✕ |　(3) | ◯ |　(4) | ✕ |

解説

(2)　その他有価証券評価差額金は、貸借対照表の純資産の部に計上される。

(3)　その他有価証券評価差額金は、その他有価証券を時価評価した際

の簿価と時価との差額であり、貸借対照表の純資産の部の評価・換算差額等に計上される。

(4) 長期保有目的の有価証券（その他有価証券）を売却して得た利益は特別利益なので、経常利益は増加させない。

⑯ 基本問題　売上原価の計算と商品の期末評価　問題…P.76

(1) ○　(2) ○　(3) ×

解説

(3) 決算において商品は、原則として取得原価で評価するが、期末における商品の正味売却価額（時価）が取得原価よりも下がったときは、価値の下落分を商品評価損で処理する。

⑰ 基本問題　有形固定資産　問題…P.80

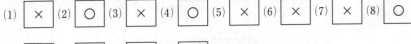

(1) ×　(2) ○　(3) ×　(4) ○　(5) ×　(6) ×　(7) ×　(8) ○

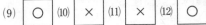

(9) ○　(10) ×　(11) ×　(12) ○

解説

(1) ソフトウェアは無形固定資産に該当する。

(3) 投資有価証券は投資その他の資産に該当する。

(5) のれんは無形固定資産に該当する。

(6) 建物は有形固定資産に該当する。

(7) 建設仮勘定は、有形固定資産に含まれる。

(10) 土地は、減価償却を行わない。

(11) 毎期の減価償却費が一定となるのは、定額法である。

(12) 有形固定資産のうち、土地は減価償却を行わない。

(1) ⃞ ○ (2) ⃞ × (3) ⃞ × (4) ⃞ ×

解説

(2)　固定資産について減損損失が認識されたとき、当該資産の帳簿価額を、正味売却価額か使用価値のどちらか高い方の金額まで減額する処理を行う。

(3)　減損損失は損益計算書の特別損失の区分に計上される。

(4)　回収可能価額が回復した場合であっても、減損損失の戻し入れは行わない。

(1) ⃞ ○ (2) ⃞ × (3) ⃞ × (4) ⃞ × (5) ⃞ × (6) ⃞ × (7) ⃞ ○

解説

(2)　ソフトウェアは無形固定資産に該当する。

(3)　のれんは無形固定資産に該当する。

(4)　特許権は無形固定資産に該当する。

(5)　のれんは、他社から営業を譲り受けた際に、相手方に対して対価として支払われた金額が受け入れた純資産の額を上回る額である。

(6)　無形固定資産は償却を行い、直接法で記帳する。

(1) ○ (2) × (3) × (4) × (5) × (6) ○ (7) × (8) ○

解説

(1) 貸付金のうち、決算日の翌日から起算して1年以内に期限が到来するものは、（短期貸付金として）流動資産に記載される。

(2) 売買目的有価証券は有価証券として流動資産に記載される。

(3) 投資有価証券は投資その他の資産に該当する。

(4) 建物は有形固定資産に該当する。

(5) 開発費は繰延資産に該当する。

(7) 特許権は無形固定資産に該当する。

(1) ○ (2) ○ (3) ○ (4) ○ (5) × (6) × (7) ×

解説

(2) 開業費で処理する。

(4) 創立費で処理する。

(5) 開発費を資産計上する場合は、繰延資産に該当する。

(6) 貸借対照表において、繰延資産は、資産の部に独立した区分で記載される。

(7) 繰延資産は残存価額をゼロとした定額法で償却を行い、直接法で記帳する。

(1)　① | 修 繕 引 当 金 |　　② | 商品保証引当金 |

　　③ | 貸 倒 引 当 金 |　　④ | 退職給付引当金 |

　　⑤ | 賞 与 引 当 金 |

(2)　① ○　② ×　③ ○

解説

(2)　②　貸倒引当金は、貸借対照表において資産から控除する形式で表示される。

(1) ×　(2) ×　(3) ×　(4) ×

解説

(1)　当社は、資金調達のために社債券を発行するので、負債として計上する。

(2)　決算日の翌日から起算して1年以内に償還期日（返済日）が到来する社債については流動負債に計上する。

(3)　社債に対する利息は、社債利息として独立させて表示する。

(4)　社債利息は、営業外費用に区分される。

(1)　×　(2)　○　(3)　×

解説

(1)　株式を発行したときは、原則処理では払込金額の全額を資本金と
　　　する。

(2)　資本金としなかった金額は資本準備金とする。

(3)　株式 10 株を、1 株当たり 20,000 円で発行した場合、会社法で認
　　　められる資本金の最低限度額は

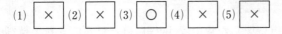

$$@\,20,000\,円 \times 10\,株 \times \frac{1}{2} = 100,000\,円である。$$

(1)　×　(2)　×　(3)　○　(4)　×　(5)　×

解説

(1)　のれんは無形固定資産に該当する。

(2)　のれんは、他社から営業を譲り受けた際に、相手方に対して対価
　　　として支払われた金額が受け入れた純資産の額を上回る額である。

(4)　負ののれん発生益は損益計算書の特別利益の区分に計上する。

(5)　他社または他社の事業部門などを買い取り、対価として現金を支
　　　払うことを買収という。

㉖ 基本問題　剰余金の処分

問題…P.114

(1) ◯　(2) ◯　(3) ✕

解説

(3)　剰余金の配当時には、会社法で規定された金額の準備金を積み立てることが強制されている。

㉗ 基本問題　自己株式

問題…P.116

(1) ✕　(2) ✕　(3) ◯

解説

(1)　自己株式は、資本の払い戻しと考えて純資産の部に控除形式（マイナス）で表示する。

(2)　自己株式の取得に要した費用は、取得原価とせずに支払手数料（営業外費用）として処理する。

(3)　自己株式は、純資産の部の株主資本の区分の末尾に、控除形式（マイナス）で表示する。

㉘ 基本問題　評価・換算差額等

問題…P.118

(1) ✕　(2) ✕　(3) ◯　(4) ◯

解説

(1)　その他有価証券を時価評価した際に生じる簿価との評価差額は、純資産の部の評価・換算差額等の区分に表示される。

(2)　その他有価証券評価差額金は、貸借対照表の純資産の部に計上される。

(3) その他有価証券評価差額金は、その他有価証券を時価評価した際の簿価と時価との差額であり、貸借対照表の純資産の部の評価・換算差額等に計上される。

㉙ 基本問題　新株予約権　問題…P.121

(1) 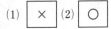 ×　(2) ○

解説

(1) 新株予約権は、純資産の部に独立した区分で表示される。
(2) 新株予約権は、純資産の部に独立した区分で表示される。

㉚ 基本問題　税効果会計　問題…P.126

(1) 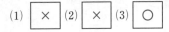 ×　(2) ×　(3) ○

解説

(1) 税効果会計により、繰延税金資産または繰延税金負債が貸借対照表に計上される。
(2) 法人税、住民税及び事業税のことを、法人税等という。

㉛ 基本問題　キャッシュ・フロー計算書 　問題…P.132

(1) ◯　(2) ◯　(3) ◯　(4) ◯　(5) ◯　(6) ×　(7) ◯　(8) ◯

(9) ×

解説

(6) キャッシュ・フロー計算書における現金及び現金同等物は、貸借対照表の現金及び預金と必ずしも一致しない。

(9) 市場性のある株式は、時価の変動によるリスクがあるため、現金及び現金同等物に含まれない。

㉜ 基本問題　営業活動によるキャッシュ・フロー 　問題…P.144

(1) ◯　(2) ×　(3) ◯　(4) ◯　(5) ◯

解説

(2) 直接法で表示しても、間接法で表示しても、最終的な営業活動によるキャッシュ・フローの金額は同じである。

(4) 間接法では、税引前当期純利益の計算段階で控除されている。

㉝ 基本問題　投資活動・財務活動によるキャッシュ・フロー 　問題…P.150

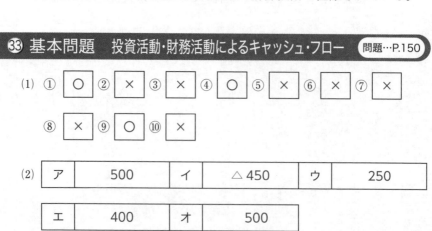

(1) ① ◯　② ×　③ ×　④ ◯　⑤ ×　⑥ ×　⑦ ×

⑧ ×　⑨ ◯　⑩ ×

(2)

ア	500	イ	△450	ウ	250

エ	400	オ	500

(1) ② 貸付けによる支出は、投資活動によるキャッシュ・フローの区分に記載される。

③ 社債の発行による収入は、財務活動によるキャッシュ・フローの区分に記載される。

⑤ 株式の発行による収入は、財務活動によるキャッシュ・フローの区分に記載される。

⑥ 社債の発行により、財務活動によるキャッシュ・フローにおける収入になる。

⑦ 貸付金の回収は、投資活動によるキャッシュ・フローにおける収入になる。

⑧ 有価証券の取得は、投資活動によるキャッシュ・フローにおける支出になる。

⑩ 有形固定資産の売却は、投資活動によるキャッシュ・フローにおける収入になる。

(2) （ア）－ 150 ＝ 350
（ア）＝ 350 ＋ 150 ＝ 500

250 ＋ （イ）＝ △ 200
（イ）＝ △ 200 － 250 ＝ △ 450

（ウ）＝ 400 － 150 ＝ 250

（エ）＝ 350 － 200 ＋ （ウ）
（エ）＝ 350 － 200 ＋ 250 ＝ 400

（エ）＋ （オ）＝ 900
（オ）＝ 900 － 400 ＝ 500

(1)　| ○ |

(2)　| (ア) | 営　業　活　動 | (イ) | 投　資　活　動 |

(1)　| × |　(2)　| × |　(3)　| × |　(4)　| ○ |

解説

(1)　財務活動によるキャッシュ・フローがマイナスの場合は、借入金や社債等の返済のためにキャッシュを支出していると判断される。

(2)　借入金の返済はキャッシュを支出するので、財務活動によるキャッシュ・フローがマイナスとなる。

(3)　株式の追加発行によりキャッシュを獲得すると、財務活動によるキャッシュ・フローがプラス、固定資産の取得のための支出によって、投資活動によるキャッシュ・フローはマイナスとなる。

(4)　㉟でいう「崖っぷち」の状態です。

(1)　①　| (ア) | 内 部 分 析 | (イ) | 外 部 分 析 |

　　②　| (ウ) | 定 量 情 報 | (エ) | 定 性 情 報 |

　　③　| (オ) | 比 率 分 析 | (カ) | 実 数 分 析 |

(2)　①　○　②　×　③　×

解説

(2)　②　企業の活動を制約する規制の有無に関する情報は、数値による情報ではないので定性情報である。

　　③　1株当たり当期純利益は実数分析である。

㊳ 基本問題　百分率（百分比）財務諸表分析　　問題…P.172

| (ア) | 単 表 分 析 | (イ) | 複 表 分 析 |

| (ウ) | 単 期 分 析 | (エ) | 複 期 分 析 |

(1)　① $\boxed{\times}$ ② $\boxed{\times}$ ③ $\boxed{\times}$

(2)

×1年度

	対前年度比率	対前年度伸び率	対×0年度比率
現金及び預金	123.3 %	23.3 %	123.3 %
有形固定資産	97.2 %	△2.8 %	97.2 %
仕入債務	120.0 %	20.0 %	120.0 %
長期借入金	114.3 %	14.3 %	114.3 %
資本金	100.0 %	0.0 %	100.0 %
利益剰余金	114.3 %	14.3 %	114.3 %
売上高	129.4 %	29.4 %	129.4 %
売上総利益	123.1 %	23.1 %	123.1 %
経常利益	87.5 %	△12.5 %	87.5 %

×2年度

	対前年度比率	対前年度伸び率	対×0年度比率
現金及び預金	108.1 %	8.1 %	133.3 %
有形固定資産	125.7 %	25.7 %	122.2 %
仕入債務	111.1 %	11.1 %	133.3 %
長期借入金	62.5 %	△37.5 %	71.4 %
資本金	100.0 %	0.0 %	100.0 %
利益剰余金	125.0 %	25.0 %	142.9 %
売上高	90.9 %	△9.1 %	117.6 %
売上総利益	96.9 %	△3.1 %	119.2 %
経常利益	128.6 %	28.6 %	112.5 %

解説

(1)　①　売上高 100 が、毎年 1.2 倍となるので、

100 × 1.2 × 1.2 × 1.2 = 172.8 となる。

②　伸び率はマイナスの値にもなる（マイナス成長も起こる）。

③　伸び率 150％のとき、当期純利益は前年度の 2.5 倍になっている。

(2) ×1年度の「対前年度比率」と「対×0年度比率」は同じになります。

　　対前年度伸び率は

対前年度伸び率（%）＝対前年度比率（%）－ 100（%）

で求めます。

⑩ 基本問題　安全性分析

問題…P.186

(1) ① ☒ ② ☒

(2) ① 流動比率 　　181.5 （%）

② 当座比率 　　167.6 （%）

③ 自己資本比率 　　54.1 （%）

④ 正味運用資本 　4,810 （円）

⑤ 手元流動性 　4,530 （円）

解説

(1) ①　流動資産と流動負債の差額で求められ、流動的な資金の正味額を意味するのは正味運転資本である。

②　手元流動性（手元資金）は、現金及び預金の金額と、流動資産に表示されている有価証券の金額を合計したものである。

(2)

① 流動比率（%）＝ $\dfrac{流動資産}{流動負債}$ ×100（%）

$$\dfrac{10,710}{5,900} \times 100 = 181.5 \ (\%)$$

② 当座比率（%）＝ $\dfrac{当座資産}{流動負債}$ ×100（%）

当座資産＝流動資産－棚卸資産

$$\dfrac{10,710 - 820}{5,900} \times 100 = 167.6 \ (\%)$$

③ 自己資本比率（%）＝ $\dfrac{自己資本}{総資本}$ ×100（%）

$$\dfrac{8,120}{15,000} \times 100 = 54.1 \ (\%)$$

④ 正味運転資本（円）＝流動資産－流動負債

$$10,710 - 5,900 = 4,810 \ (円)$$

⑤ 手元流動性（円）＝現金及び預金＋有価証券

$$3,300 + 1,230 = 4,530 \ (円)$$

① 売上高売上総利益率　┃ 57.1 ┃ (%)

② 売上高営業利益率　┃ 30.7 ┃ (%)

③ 売上高当期純利益率　┃ 22.1 ┃ (%)

④ 総資本経常利益率　┃ 27.3 ┃ (%)

⑤ 自己資本利益率　┃ 38.2 ┃ (%)

解説

① 売上高売上総利益率（％）＝ $\dfrac{売上総利益}{売上高} \times 100$ （％）

$$\frac{8,000}{14,000} \times 100 = 57.1 （\%）$$

② 売上高営業利益率（％）＝ $\dfrac{営業利益}{売上高} \times 100$ （％）

$$\frac{4,300}{14,000} \times 100 = 30.7 （\%）$$

③ 売上高当期純利益率（％）＝ $\dfrac{当期純利益}{売上高} \times 100$ （％）

$$\frac{3,100}{14,000} \times 100 = 22.1 （\%）$$

④ 総資本経常利益率（％）＝ $\dfrac{経常利益}{総資本} \times 100$ （％）

$$\frac{4,100}{15,000} \times 100 = 27.3 （\%）$$

⑤ 自己資本利益率（%）＝ $\dfrac{当期純利益}{自己資本}$ ×100 （%）

$$\dfrac{3,100}{8,120} \times 100 = 38.2 （\%）$$

㊷ 基本問題　活動性分析

問題…P.195

(1) $\boxed{○}$ (2) $\boxed{○}$ (3) $\boxed{×}$ (4) $\boxed{○}$

㊸ 基本問題　資本利益率の要素分解

問題…P.198

① 総資本回転率　　$\boxed{\qquad 0.93 \qquad}$ （回）

② 総資本経常利益率　$\boxed{\qquad 27.3 \qquad}$ （%）

③ 自己資本利益率　$\boxed{\qquad 38.2 \qquad}$ （%）

④ 売上高当期純利益率　$\boxed{\qquad 22.1 \qquad}$ （%）

⑤ 財務レバレッジ　$\boxed{\qquad 184.7 \qquad}$ （%）

解説

① 総資本回転率（回）＝ $\dfrac{売上高}{総資本}$ ＝ $\dfrac{14,000}{15,000}$ ＝ 0.93 （回）

② 総資本経常利益率（%）＝ $\dfrac{経常利益}{総資本}$ ×100 （%）

$$\dfrac{4,100}{15,000} \times 100 = 27.3 （\%）$$

③ 自己資本利益率（%）＝ $\dfrac{当期純利益}{自己資本} \times 100$ （%）

$$\dfrac{3,100}{8,120} \times 100 = 38.2 \text{（%）}$$

④ 売上高当期純利益率（%）＝ $\dfrac{当期純利益}{売上高} \times 100$ （%）

$$\dfrac{3,100}{14,000} \times 100 = 22.1 \text{（%）}$$

⑤ 財務レバレッジ（%）＝ $\dfrac{総資本}{自己資本} \times 100$ （%）

$$\dfrac{15,000}{8,120} \times 100 = 184.7 \text{（%）}$$

㊹ 基本問題　1人当たり分析

問題…P.203

① 1人当たり売上高 　　　　77.8 （円）

② 1人当たり有形固定資産 　　　21.2 （円）

解説

① 1人当たり売上高（円）＝ $\dfrac{売上高}{従業員数} = \dfrac{14,000 \text{（円）}}{180 \text{（人）}} = 77.8$ （円）

② 1人当たり有形固定資産（円）＝ $\dfrac{有形固定資産}{従業員数}$

$$= \dfrac{3,820 \text{（円）}}{180 \text{（人）}} = 21.2 \text{（円）}$$

(1)　① ○　② ×　③ ×　④ ○

(2)

① 1株当たり当期純利益（EPS）　　　　20.7　（円）

② 株価収益率（PER）　　　　　　　　　2.90　（倍）

③ 1株当たり純資産（BPS）　　　　　　54.1　（円）

④ 株価純資産倍率（PBR）　　　　　　　1.11　（倍）

⑤ 時価総額　　　　　　　　　　　　9,000　（円）

解説

(1)　② 1株当たり当期純利益は、株価収益率の計算の基礎指標として
用いられる。株価純資産倍率の計算の基礎指標として用いられる
のは1株当たり純資産である。

　　　③ 株主の出資に対する収益性を判断する指標は、1株当たり当期
純利益である。

(2)

① 1株当たり当期純利益（EPS）（円）＝ $\dfrac{\text{当期純利益}}{\text{発行済株式}}$

$$= \dfrac{3,100\ （円）}{150\ （株）} = 20.67\ （円）$$

② 株価収益率（PER）（倍）＝ $\dfrac{1株当たり株式時価}{1株当たり当期純利益}$

$\quad\quad = \dfrac{60（円）}{20.67（円）} = 2.90（倍）$

③ 1株当たり純資産（BPS）（円）＝ $\dfrac{純資産}{発行済株式数}$

$\quad\quad = \dfrac{8,120（円）}{150（株）} = 54.13（円）$

④ 株価純資産倍率（PBR）（倍）＝ $\dfrac{1株当たり株式時価}{1株当たり純資産}$

$\quad\quad = \dfrac{60（円）}{54.13（円）} = 1.11（倍）$

⑤ 時価総額（円）＝1株当たり株式時価 × 発行済株式数

$\quad\quad = 60（円）× 150（株）= 9,000（円）$

⑯ 基本問題　財務諸表の体系　　　問題…P.214

(1) ○　(2) ○　(3) ○　(4) ×　(5) ○　(6) ×　(7) ○　(8) ○

解説

(4) 事業を行うすべての会社に適用されるのは会社法である。

(5) 貸借対照表、損益計算書、株主資本等変動計算書は金融商品取引法上の財務諸表の体系と、会社法上の計算書類の体系の両方に含まれている。

(6) 金融商品取引法では、財務諸表の公開を義務づけている。

(7) キャッシュ・フロー計算書や附属明細表は、金融商品取引法上の財務諸表の体系にのみ含まれる。

番号		解答
Ⅰ	1	①
	2	④
	3	③
	4	②
	5	②
	6	④
	7	②
	8	③
	9	②
	10	①
	11	④
	12	②
Ⅱ	1	④
	2	①
	3	③
	4	①
	5	②
	6	⑤
	7	②
	8	②
	9	④
	10	⑤
	11	③
	12	③
	13	②
	14	⑤

番号		解答
Ⅲ	1	⑤
	2	②
	3	④
	4	③
	5	③
	6	④
	7	①
	8	⑤
	9	②
	10	③
	11	④
	12	③
	13	①
	14	①
Ⅳ	1	③
	2	②
	3	⑤
	4	①
	5	④
	6	②
	7	③
	8	②
	9	①
	10	④

Ⅰ　（本試験　第23回Ⅰ一部抜粋）

【問1】　①

（ア）　正
（イ）　正

【問2】　④

（ア）　貸借対照表は、ある一定時点の企業の財政状態を表示したものである。→誤
（イ）　勘定式の貸借対照表では、右側に資金の調達源泉が、左側にその資金の運用形態が示されている。→誤

【問3】　③

（ア）　ワンイヤー・ルール（1年基準）によっても分類される。→誤
（イ）　重要性の原則による。→正

【問4】　②

（ア）　正
（イ）　貸倒引当金は、貸借対照表において資産から控除する形式で表示される。→誤

【問5】　②

（ア）　正
（イ）　貸借対照表において、繰延資産は、資産の部に独立した区分で記載される。→誤

【問6】 ④

（ア）	その他有価証券を時価評価した際に生じる簿価との評価差額は、純資産の部の評価・換算差額等の区分に表示される。→誤
（イ）	新株予約権は、純資産の部に独立した区分で表示される。→誤

【問7】 ②

（ア）	正
（イ）	損益計算書には、収益とこれに対応する費用をその発生源泉に応じて総額で記載する。→誤

【問8】 ③

（ア）	費用は、発生主義により計上される。→誤
（イ）	正

【問9】 ②

（ア）	正←正しくは「課税所得」に課税されるが、ここでは「利益」としている。
（イ）	法人税、住民税及び事業税のことは、法人税等という。→誤

【問10】 ①

（ア）	正
（イ）	正

【問11】 ④

（ア）	貸付けによる支出は、投資活動によるキャッシュ・フローの区分に記載される。→誤
（イ）	社債の発行による収入は、財務活動によるキャッシュ・フローの区分に記載される。→誤

【問12】　②

> （ア）　正
> （イ）　1株当たり当期純利益は、株価収益率の計算の基礎指標として用いられる。→誤

II　（本試験　第24回 II ）

【問1】　④

> 　主に投資者の保護を目的とした（金融商品取引法）では、（財務諸表）の公開を義務づけている。

【問2】　①

> ア．正
> イ．勘定式の貸借対照表の右側には、資金の調達源泉である負債と純資産が表示される。→誤
> ウ．資産および負債を流動性の高い順に配列する方法を、流動性配列法という。→誤
> エ．貸付金と借入金を相殺消去して、残高のみを表示することはできない（総額主義の原則）。→誤

【問3】　③

> 　（事業用資産）は、原則として取得原価で評価される。取得原価には、（客観的で信頼性が高い）という長所がある。

【問4】　①

> 　貸借対照表において、売買目的で保有する有価証券は（流動資産）に記載される。また、関連会社株式は（固定資産）に記載される。

【問5】　②

ソフトウェア：無形固定資産　　建設仮勘定：有形固定資産

投資有価証券：投資その他の資産　土地：有形固定資産

のれん：無形固定資産

【問6】　⑤

ア．建物：有形固定資産　　　　　イ．開発費：繰延資産

ウ．長期前払費用：投資その他の資産　エ．特許権：無形固定資産

オ．長期貸付金：投資その他の資産

【問7】　②

ア．売買目的の有価証券を売却して利益を得た。→正

イ．長期保有目的の有価証券を売却して利益を得た。→誤（特別利益のため）

ウ．売買目的の有価証券の時価が、帳簿価額より下落した。→誤（経常利益
は減少）

エ．借入金に対する利息を支払った。→誤（経常利益は減少）

オ．所有する株式から配当金を得た。→正

【問8】　②

　　会計上の利益にもとづき計算される税額と税法上の課税額との差額を調整
する会計処理を（税効果会計）といい、損益計算書に（法人税等調整額）が
計上される。

【問9】　④

①　社債の発行→誤（財務活動による収入）

②　貸付金の回収→誤（投資活動による収入）

③　有価証券の取得→誤（投資活動による支出）

④　自己株式の取得→正（財務活動による支出）

⑤　有形固定資産の取得→誤（投資活動による支出）

【問１０】　⑤

> 　財務諸表分析にあたって、財務諸表や（販売シェア）などの定量情報だけでなく、（規制の有無）などの定性情報を入手することも重要である。

【問１１】　③

① 株主の出資に対する収益性を判断する指標である。
→１株当たり当期純利益
② 企業の利益の水準に対して株価が相対的に高いか低いかを判定する目安として用いられる指標である。→株価収益率
③ 最低株価の目安となる指標である。→１株当たり純資産
④ 企業の資産の水準に対して株価が相対的に高いか低いかを判定する目安として用いられる指標である。→株価純資産倍率

【問１２】　③

売上原価＝売上高－売上総利益＝3,000－2,000＝1,000
売上原価 1,000＝期首商品棚卸高　300＋当期商品仕入高－期末商品棚卸高 200
∴　当期商品仕入高＝売上原価 1,000＋期末商品棚卸高　200－期首商品棚卸高　300＝900

【問１３】　②

営業外利益＝有価証券利息　10＋受取利息　5　＝15

【問14】 ⑤

営業利益 = 120

営業外利益 = 有価証券利息　10 + 受取利息　5　= 15

営業外費用 = 有価証券売却損　25 + 社債利息　10 = 35

特別利益 = 固定資産売却益　10 = 10

特別損失 = 減損損失　20 + 投資有価証券売却損　15 = 35

税引前当期純利益 = 営業利益　120 + 営業外収益　15 − 営業外費用　35 + 特
　　　　　　　別利益　10 − 特別損失　35 = 75

Ⅲ （本試験　第25回　Ⅳ）

金額単位は、特記したものを除き問題資料に準ずる（百万円）。

<資料1>

		X1年度	X2年度
流動資産	（ア	1,800）	2,300
固定資産		1,300	1,590
繰延資産		100	110
流動負債	（イ	1,200）	1,400
固定負債		600	400
純資産	（	1,400）	2,200
売上高		5,400	5,800
営業利益		200	220
経常利益		250	190
当期純利益		100	120
営業活動によるキャッシュ・フロー		280	260
投資活動によるキャッシュ・フロー	（ウ	△60）	△400
財務活動によるキャッシュ・フロー	（エ	△140）	140
発行済株式数（百万株）		10	15
1株当たり株価（円）		200	240
従業員数（人）		1,200	1,000

【問1】　⑤

> <資料2>より流動資産の合計額を求める。
>
> 流動資産＝現金及び預金600＋受取手形400＋売掛金400
> 　　　　　　＋有価証券（売買目的）300＋棚卸資産100＝1,800

【問2】　②

> <資料2>より流動資産の合計額を求める。
>
> 流動負債＝支払手形300＋買掛金300＋短期借入金290＋未払金110＋預り
> 　　　　　金90＋前受収益110＝1,200

【問3】 ④

<資料2>より投資活動によるキャッシュ・フローの合計額を求める。

投資活動によるキャッシュ・フロー

$$= 有形固定資産の取得による支出 \quad \triangle 100$$
$$+ 無形固定資産の取得による支出 \quad \triangle 80$$
$$+ 有価証券の売却による収入 \qquad 120 = \triangle 60$$

【問4】 ③

<資料2>より財務活動によるキャッシュ・フローの合計額を求める。

財務活動によるキャッシュ・フロー

$$= 株式発行による収入 \qquad 60$$
$$+ 自己株式の取得による支出 \quad \triangle 50$$
$$+ 配当金の支払い \qquad\quad \triangle 60$$
$$+ 社債の償還による支出 \qquad \triangle 90 = \triangle 140$$

【問5】 ③

（ア）対前年度伸び率（％）＝対前年度比率（％）－ 100（％）

X 1年度の資産合計＝流動資産 1,800 ＋固定資産 1,300 ＋繰延資産 100 ＝ 3,200

X 2年度の資産合計＝流動資産 2,300 ＋固定資産 1,590 ＋繰延資産 110 ＝ 4,000

$$資産合計の伸び率 = \frac{X2年度の資産合計}{X1年度の資産合計} \times 100 - 100$$

$$= \frac{4,000}{3,200} \times 100 - 100$$

$$= 25.0（\%）$$

$$売上高の伸び率 = \frac{X2年度の売上高}{X1年度の売上高} \times 100 - 100$$

$$= \frac{5,800}{5,400} \times 100 - 100$$

$$= 7.4（\%）$$

∴資産合計の伸び率より売上高の伸び率の方が大きい。→誤

（イ）当期純利益でみると、X 1年度から X 2年度にかけて増収増益である。
　　　→正

【問6】 ④

（ア）Ｘ１年度の売上原価率が80％であったとすると、

Ｘ１年度の売上原価＝売上高 5,400 ×売上原価率 80％ = 4,320

売上原価率＋売上総利益率＝ 100％より

Ｘ１年度の売上総利益率＝ 100 − 80 = 20％

Ｘ２年度の売上総利益率をＸ１年度より5％高めると

Ｘ２年度の売上総利益率＝ 20 + 5 = 25％

Ｘ２年度の売上原価率＝ 100 − 25 = 75％

Ｘ２年度の売上原価＝売上高 5,800 ×売上原価率 75％ = 4,350

∴売上原価をＸ１年度より 30 百万円下げなければならなかった。→誤

（イ）営業利益が10％の伸び率を継続したとすると、Ｘ３年度の営業利益は
220（Ｘ２年度の営業利益）×（100 + 10）％ = 242 百万円になる。→誤

【問7】 ①

（ア）正味運転資本は、安全性の指標であり、実数分析にあたる。→正

（イ）正味運転資本＝流動資産−流動負債

Ｘ１年度の正味運転資本＝ 1,800 − 1,200 = 600

Ｘ２年度の正味運転資本＝ 2,300 − 1,400 = 900

∴正味運転資本は、Ｘ１年度からＸ２年度にかけて増加した。→正

【問8】 ⑤

当座資産は流動資産のうち支払手段としての確実性が（高い）資産である。
Ｘ１年度において、当座比率は（141.7）％である。Ｘ１年度の当座比率は流
動比率より（低い）ため、不良在庫になっている棚卸資産があると判断する
ことができる。

$$当座比率（％）= \frac{流動資産−棚卸資産}{流動負債} \times 100 = \frac{1,800 − 100}{1,200} \times 100$$

$$= 141.7（％）$$

$$\text{流動比率（\%）} = \frac{\text{流動資産}}{\text{流動負債}} \times 100 = \frac{1,800}{1,200} \times 100 = 150.0 \text{（\%）}$$

※当座比率は分子で棚卸資産を引いているため、流動資産よりも低くなるので、本来は、これだけで「不良在庫になっている棚卸資産があると判断する」ことはできない（解答に影響はない）。

【問9】 ②

企業にとって（投資活動）は将来の存続・成長を支える重要な活動である。（投資活動）を営業活動によるキャッシュ・フローの範囲内で行えば、資金の状況が安定するという考え方を反映した指標が（フリー・キャッシュ・フロー）である。X1年度の（フリー・キャッシュ・フロー）は（220）、X2年度の（フリー・キャッシュ・フロー）は（△140）である。

フリー・キャッシュ・フロー＝営業活動によるキャッシュ・フロー
　　　　　　　　　　　　　　＋投資活動によるキャッシュ・フロー

X1年度のフリー・キャッシュ・フロー＝280＋△60＝220

X2年度のフリー・キャッシュ・フロー＝260＋△400＝△140

【問10】 ③

（ア）総資本経常利益率（％）＝ $\dfrac{\text{経常利益}}{\text{総資本}} \times 100$ （％）

X1年度の総資本経常利益率＝ $\dfrac{250}{3,200} \times 100 = 7.8$ （％）→誤

※問題文中の4.6％は、売上高経常利益率である。

（イ）総資本経常利益率を要素分解すると

総資本経常利益率（％）＝ $\dfrac{\text{経常利益}}{\text{総資本}} = \dfrac{\text{経常利益}}{\text{売上高}} \times \dfrac{\text{売上高}}{\text{総資本}}$

　　　　　　　　　　　＝ 売上高経常利益率（％）×総資本回転率（回）

X1年度の総資本経常利益率（％）＝7.8（％）＝ $\dfrac{250}{3,200} \times 100$

　　　　　　　　　　　　　　　　　＝ $\dfrac{250}{5,400} \times 100 \times \dfrac{5,400}{3,200}$

　　　　　　　　　　　　　　　　　＝ 4.6（％）× 1.69（回）

X2年度の総資本経常利益率 = 4.8（％）= $\dfrac{190}{4,000} \times 100$

$= \dfrac{190}{5,800} \times 100 \times \dfrac{5,800}{4,000}$

$= 3.3$（％）$\times 1.45$（回）

∴X1年度からX2年度にかけて、売上高経常利益率と総資本回転率の両方が悪化している。→正

【問11】 ④

自己資本当期純利益率（％）= $\dfrac{当期純利益}{自己資本}$

$= \dfrac{当期純利益}{売上高} \times \dfrac{売上高}{総資本} \times \dfrac{総資本}{自己資本}$

=（売上高）当期純利益率（％）×総資本回転率（回）×財務レバレッジ（％）

（ア）X1年度の自己資本当期純利益率 = $\dfrac{当期純利益}{自己資本} \times 100$

$= \dfrac{100}{1,400} \times 100 = 7.1$（％）

X2年度の自己資本当期純利益率 = $\dfrac{120}{2,200} \times 100 = 5.5$（％）

自己資本利益率が下がっているので→誤

（イ）X1年度の財務レバレッジ = $\dfrac{総資本}{自己資本} \times 100$

$= \dfrac{3,200}{1,400} \times 100 = 228.6$（％）

X2年度の財務レバレッジ = $\dfrac{4,000}{2,200} \times 100 = 181.8$（％）

財務レバレッジが下がっているので→誤

※財務レバレッジは自己資本比率の逆数になっている。

【問12】　③

（ア）1株当たり当期純利益 $= \dfrac{\text{当期純利益}}{\text{発行済株式数}}$

X1年度の1株当たり当期純利益 $= \dfrac{100\,(\text{百万円})}{10\,(\text{百万株})} = 10.00$ 円

X2年度の1株当たり当期純利益 $= \dfrac{120\,(\text{百万円})}{15\,(\text{百万株})} = 8.00$ 円

1株当たり当期純利益は減少しているので→誤

（イ）1株当たり純資産 $= \dfrac{\text{純資産}}{\text{発行済株式数}}$

X1年度の1株当たり純資産 $= \dfrac{1{,}400\,(\text{百万円})}{10\,(\text{百万株})} = 140.00$ 円

X2年度の1株当たり純資産 $= \dfrac{2{,}200\,(\text{百万円})}{15\,(\text{百万株})} = 146.67$ 円

1株当たり純資産は増加しているので→正

【問13】　①

（ア）→正

（イ）株価収益率（倍）$= \dfrac{\text{1株当たり株式時価}}{\text{1株当たり当期純利益}}$

X1年度の株価収益率 $= \dfrac{200\,\text{円}}{10.00\,\text{円}} = 20$ 倍

X2年度の株価収益率 $= \dfrac{240\,\text{円}}{8.00\,\text{円}} = 30$ 倍

株価収益率は上がっているので→正

【問14】 ①

（ア）→正

（イ）従業員１人当たり売上高 ＝ $\dfrac{売上高}{従業員数}$

Ｘ１年度の従業員１人当たり売上高 ＝ $\dfrac{5,400}{1,200（人）}$ ＝ 4.5

Ｘ２年度の従業員１人当たり売上高 ＝ $\dfrac{5,800}{1,000（人）}$ ＝ 5.8

従業員１人当たり売上高は上がっているので→正

Ⅳ （本試験　第 26 回 Ⅳ 改題）

金額単位は、特記したものを除き問題資料に準ずる（百万円）。

<資料 1 ＞　貸借対照表 　　　　　　　　　　　　　　（単位：百万円）

	A社	B社
資産の部		
流動資産		
現金及び預金	2,100	2,350
受取手形	300	500
売掛金	1,500	2,800
有価証券	720	300
商品	900	300
その他	80	50
流動資産合計	(5,600)	6,300
固定資産		
有形固定資産		
建物	5,300	8,000
構築物	400	100
備品	(2,000)	3,000
有形固定資産合計	(7,700)	11,100
無形固定資産		
商標権	–	250
無形固定資産合計	–	250
投資その他の資産		
投資有価証券	550	200
長期前払費用	50	–
繰延税金資産	100	150
投資その他の資産合計	700	350
固定資産合計	(8,400)	11,700
資産合計	14,000	18,000

	A社	B社
負債の部		
流動負債		
支払手形	1,000	800
買掛金	1,400	2,200
短期借入金	1,200	1,000
その他	400	500
流動負債合計	4,000	(　4,500)
固定負債		
長期借入金	1,200	800
退職給付引当金	300	200
固定負債合計	1,500	1,000
負債合計	5,500	(　5,500)
純資産の部		
株主資本		
資本金	7,000	10,000
資本剰余金	500	1,100
利益剰余金		
利益準備金	400	400
その他利益剰余金	550	900
利益剰余金合計	950	1,300
株主資本合計	8,450	12,400
評価・換算差額等		
その他有価証券評価差額金	50	(　100)
評価・換算差額等合計	50	(　100)
純資産合計	8,500	(　12,500)
負債・純資産合計	14,000	18,000

<資料２＞　損益計算書　　　　　　　　　　　　　　　（単位：百万円）

	A社	B社
売上高	20,000	30,000
売上原価	（ア　16,750）	（　25,500）
売上総利益	（　3,250）	（　4,500）
販売費及び一般管理費	（　2,450）	2,600
営業利益	800	（　1,900）
営業外収益	250	140
営業外費用	50	240
経常利益	1,000	（　1,800）
特別利益	50	40
特別損失	50	340
税引前当期純利益	1,000	（　1,500）
法人税、住民税及び事業税	270	450
法人税等調整額	△70	△50
当期純利益	800	（イ　1,100）

【問１】　③

<資料４＞のA社の商品に係る資料より

売上原価＝期首商品棚卸高＋当期商品仕入高－期末商品棚卸高

　　　　＝650＋17,000－900＝16,750　←（ア）

穴埋めで　売上総利益＝20,000－16,750＝3,250

営業利益＝売上総利益－販売費及び一般管理費

∴販売費及び一般管理費＝3,250－800＝2,450

【問２】　②

<資料４＞のB社の総資本経常利益率　10％より

18,000（総資本＝負債・純資産合計）×10％＝1,800（経常利益）

穴埋めで　税引前当期純利益＝1,800＋40－340＝1,500

当期純利益＝税引前当期純利益－（法人税、住民税及び事業税－法人税等調整額）＝1,100　←（イ）

経常利益＝営業利益＋営業外利益－営業外費用

∴営業利益＝1,800－140＋240＝1,900

売上総利益 = 1,900 + 2,600 = 4,500

売上原価 = 30,000 - 4,500 = 25,500

【問3】　⑤

フリー・キャッシュ・フロー＝営業活動によるキャッシュ・フロー

＋投資活動によるキャッシュ・フロー

∴　6,000 - 3,000 = 3,000

【問4】　①

（ア）売上高売上原価率（％）と粗利益率（売上高売上総利益率）（％）を足すと、100％になる。→正

（イ）売上高売上原価率（％）＝ $\frac{売上原価}{売上高} \times 100$　より

A社 = $\frac{16,750}{20,000} \times 100 = 83.8\%$　　　B社 = $\frac{25,500}{30,000} \times 100 = 85.0\%$

原価率は低い方が良いので→正

【問5】　④

（ア）自己資本比率は、貸借対照表における資金の源泉（調達）側のバランスを見る安全性の指標の1つである。→誤

（イ）自己資本比率（％）＝ $\frac{自己資本（＝純資産合計）}{総資本（＝負債・純資産合計）} \times 100$

穴埋めでB社の純資産合計＝自己資本を求めると

流動負債合計 = 800 + 2,200 + 1,000 + 500 = 4,500

負債合計＝流動負債合計＋固定負債合計 = 4,500 + 1,000 = 5,500

純資産合計＝負債・純資産合計－負債合計 = 18,000 - 5,500 = 12,500

（評価・換算差額等合計＝その他有価証券評価差額金

＝純資産合計－株主資本合計＝ 100）

A社＝$\dfrac{8,500}{14,000}$ × 100 ＝ 60.7%　　　B社＝$\dfrac{12,500}{18,000}$ × 100 ＝ 69.4%

自己資本比率は高い方が良い（財政状態が安定している）ので→誤

【問6】　②

（ア）総資本営業利益率は、投下している資金総額で、本業での業績を表す営業利益をどれだけ稼いだかを示す指標である。→正

（イ）総資本営業利益率（%）＝$\dfrac{営業利益}{総資本（＝負債・純資産合計）}$ × 100　より

A社＝$\dfrac{800}{14,000}$ × 100 ＝ 5.7%　　　B社＝$\dfrac{1,900}{18,000}$ × 100 ＝ 10.6%

総資本営業利益率は高い方が良いので→誤

【問7】　③

（ア）自己資本当期純利益率は、株主の出資に対する収益性を判断するための指標である。→誤

（イ）自己資本当期純利益率（%）＝$\dfrac{当期純利益}{自己資本（＝純資産合計）}$ × 100　より

A社＝$\dfrac{800}{8,500}$ × 100 ＝ 9.4%　　　B社＝$\dfrac{1,100}{12,500}$ × 100 ＝ 8.8%

自己資本当期純利益率は高い方が良いので→正

【問8】　②

（ア）株価純資産倍率は、純資産の市場評価額が貸借対照表計上額よりも大きいと見込まれる場合には、１倍を上回る。→正

（イ）株価純資産倍率（倍）＝ $\dfrac{1\text{株当たり株式時価}}{1\text{株当たり純資産}}$

　　　　　1株当たり純資産＝ $\dfrac{\text{純資産}}{\text{発行済株式数}}$

　　1株当たり純資産　A社＝ $\dfrac{8,500\,（百万円）}{10\,（百万株）}$ ＝ 850.00 円

　　　　　　　　　　　B社＝ $\dfrac{12,500\,（百万円）}{10\,（百万株）}$ ＝ 1,250.00 円

　　株価純資産倍率　A社＝ $\dfrac{2,000\,（円）}{850.00\,（円）}$ ＝ 2.35 倍

　　　　　　　　　　B社＝ $\dfrac{2,500\,（円）}{1,250.00\,（円）}$ ＝ 2.00 倍

　　株価純資産倍率は、A社の方が高いので→誤

【問9】　①

（ア）株価収益率は、投資者が今、株式を購入するとすれば、利益水準に対して株価が何倍であるかを示す指標である。→正

（イ）株価収益率（倍）＝ $\dfrac{1\text{株当たり株式時価}}{1\text{株当たり当期純利益}}$

　　　　　1株当たり当期純利益＝ $\dfrac{\text{当期純利益}}{\text{発行済株式数}}$

　　1株当たり当期純利益　A社＝ $\dfrac{800（百万円）}{10\,（百万株）}$ ＝ 80.00 円

　　　　　　　　　　　　　B社＝ $\dfrac{1,100\,（百万円）}{10\,（百万株）}$ ＝ 110.00 円

　　株価収益率　A社＝ $\dfrac{2,000\,（円）}{80.00\,（円）}$ ＝ 25.00 倍

　　　　　　　　B社＝ $\dfrac{2,500\,（円）}{110.00\,（円）}$ ＝ 22.73 倍

　　株価収益率は、A社の方が高いので→正

【問10】 ④

（ア）従業員1人当たり売上高 ＝ $\dfrac{\text{売上高}}{\text{従業員数}}$

従業員1人当たり売上高　A社 ＝ $\dfrac{20,000}{200\,(\text{人})}$ ＝ 100

　　　　　　　　　　　　　B社 ＝ $\dfrac{30,000}{250\,(\text{人})}$ ＝ 120

従業員1人当たり売上高は、高い方が販売面の労働効率が良いので→誤

（イ）A社が同じ従業員数で売上高10%アップを実現したとすると、

A社の売上高 ＝ 20,000 × （1 ＋ 0.1） ＝ 22,000

従業員1人当たり売上高は　A社 ＝ $\dfrac{22,000}{200\,(\text{人})}$ ＝ 110　と変化するが

依然としてB社の従業員1人当たり売上高の方が高いため→誤

番号		解答
I	1	②
	2	③
	3	②
	4	①
	5	②
	6	④
	7	③
	8	①
	9	③
	10	①
	11	④
II	1	①
	2	④
	3	③
	4	①
	5	④
	6	⑤
	7	②
	8	④
	9	④
	10	①

番号		解答
III	1	④
	2	②
	3	③
	4	④
	5	③
	6	②
	7	①
	8	④
	9	③
	10	①
	11	②
	12	①
	13	④
IV	1	②
	2	①
	3	⑤
	4	⑤
	5	②
	6	①
	7	①
	8	③
	9	②
	10	①
	11	①
	12	②
	13	②
	14	①
	15	④
	16	④

第2回

I　（本試験　第21回 I ）

【問1】　②

（ア）　正
（イ）　会社法は、主に株主・債権者の保護を目的としている。→誤

【問2】　③

（ア）　貸借対照表の項目を流動性の高いものから順に配列する方法を、流動性配列法という。→誤
（イ）　重要性の原則という。→正

【問3】　②

（ア）　正
（イ）　製造途上の仕掛品も棚卸資産に含まれる。→誤

【問4】　①

（ア）　正
（イ）　有形固定資産のうち、土地や建設仮勘定は減価償却を行わない。→正

【問5】　②

（ア）　1年基準（ワンイヤー・ルール）で区分される。→正
（イ）　投資その他の資産に記載される投資有価証券には、売買目的有価証券は含まれない。
　　　　売買目的有価証券は流動資産の区分に有価証券として記載される。
　　　　→誤

【問6】　④

（ア）	有価証券の購入の際に生じた未払額は、買掛金ではなく、未払金に含まれる。→誤
（イ）	商品を提供していない時点で受け取った代金は、売掛金ではなく、前受金に含まれる。→誤

【問7】　③

（ア）	損益計算書において本業のもうけを示しているのは、営業利益である。→誤
（イ）	営業活動で損失が出ていても、営業外収益や特別利益の計上によって、当期純利益が計上されることもある。→正

【問8】　①

（ア）	正
（イ）	正

【問9】　③

（ア）	営業外費用とは、本業以外の財務活動や投資活動などによる費用などをいう。 臨時的に発生した費用は特別損失である。→誤
（イ）	正

【問10】　①

（ア）	正
（イ）	正

【問11】 ④

> （ア） 売上高 100 が毎年 1.2 倍となるので、100 × 1.2 × 1.2 × 1.2 = 172.8 となる。→誤
>
> （イ） 伸び率は、マイナスの値にもなる。→誤

II （本試験　第 21 回 II ）

【問1】 ①

> 事業を行うすべての株式会社に適用される（会社法）上の（計算書類）には、貸借対照表、損益計算書、株主資本等変動計算書、（個別注記表）が含まれる。

【問2】 ④

> 建物や土地のような（事業用資産）の原則的な評価基準は、（取得原価）である。

【問3】 ③

> 建設仮勘定：有形固定資産　　のれん：無形固定資産
>
> 特許権：無形固定資産
>
> ソフトウェア：無形固定資産　　繰延税金資産：投資その他の資産

【問4】 ①

> 株式会社が保有している発行済みの自社株式を（自己株式）といい、（株主資本）に記載される。
>
> →自己株式は、純資産の部の株主資本の区分の末尾に、控除項目として記載される。

【問5】 ④

> 損益計算書は、（一定期間の経営成績）を示すものである。損益計算書において、費用は（発生主義）にもとづいて計上される。

【問6】 ⑤

ア．貸付金の回収による収入	→	投資活動によるキャッシュ・フロー
イ．株式の発行による収入	→	財務活動によるキャッシュ・フロー
ウ．有価証券の売却による収入	→	投資活動によるキャッシュ・フロー
エ．自己株式の取得による支出	→	財務活動によるキャッシュ・フロー
オ．社債の償還による支出	→	財務活動によるキャッシュ・フロー

第2回

【問7】 ②

	営業活動	投資活動	財務活動
A社のキャッシュ・フロー	（　＋　）	（ア　＋　）	（イ　－　）

営業活動により生み出したキャッシュ

　→　営業活動によるキャッシュ・フローの収入（＋）

土地の売却により回収したキャッシュ

　→　投資活動によるキャッシュ・フローの収入（＋）

借入金の返済（のための支出）

　→　財務活動によるキャッシュ・フローの支出（－）

【問8】 ④

　　正味運転資本は（実数分析）の指標であり、その値がマイナスの場合、流動比率は100％を（下回る）。

　　正味運転資本＝流動資産－流動負債

なので、その値がマイナスの場合、

　流動資産＜流動負債　ということになるので、

流動比率＝$\dfrac{流動資産}{流動負債} \times 100$　は100％を下回る。

325

【問9・問10　共通】

ア．土地を売却して30の損失が生じた。　→　特別損失

イ．広告にかかる費用が50生じた。　→　販売費及び一般管理費

ウ．投資有価証券を売却して20の利益が生じた。　→　特別利益

エ．借入金に対して10の利息が生じた。　→　営業外費用

オ．退職給付にかかる費用が5生じた。　→　販売費及び一般管理費

カ．決算時に売買目的有価証券の時価が帳簿価額より15上昇していた。
　　→　営業外収益

キ．預金からの利息が5あった。　→　営業外収益

【問9】　④

イ．広告にかかる費用が50生じた。　→　販売費及び一般管理費

オ．退職給付にかかる費用が5生じた。　→　販売費及び一般管理費

【問10】　①

ウ．投資有価証券を売却して20の利益が生じた。　→　特別利益

（本試験　第21回 Ⅲ ）

金額単位は、特記したものを除き問題資料に準ずる（百万円）。

<資料1>　貸借対照表　　　　　　　（単位：百万円）

資産の部

　流動資産

　　現金及び預金　　　　　　　　（　　30,000）

　　受取手形　　　　　　　　　　　　3,000

　　売掛金　　　　　　　　　　　　60,000

　　棚卸資産　　　　　　　　　　　90,000

　　短期貸付金　　　　　　　　　　3,000

　　その他　　　　　　　　　　　　　200

　　流動資産合計　　　　　　　（　186,200）

　固定資産

　　有形固定資産

　　　建物　　　　　　　　　　　　20,000

　　　機械装置　　　　　　　　　　10,000

　　　車両運搬具　　　　　　　　　10,000

　　　土地　　　　　　　　　　　　60,000

　　　有形固定資産合計　　　　　100,000

　　無形固定資産

　　　特許権　　　　　　　　　　　　400

　　　無形固定資産合計　　　　　　　400

　　投資その他の資産

　　　投資有価証券　　　　　　　　2,000

　　　その他　　　　　　　　　　　7,000

　　　投資その他の資産合計　　　　9,000

　　固定資産合計　　　　　　　　109,400

　繰延資産

　　開発費　　　　　　　　　　　　4,400

　　繰延資産合計　　　　　　　　　4,400

　資産合計　　　　　　　　　（　300,000）

負債の部			
流動負債			
支払手形			53,000
買掛金			10,000
短期借入金			60,000
未払費用			100
未払法人税等			400
預り金			500
その他			9,000
流動負債合計			133,000
固定負債			
社債		(	7,000)
長期借入金			10,000
固定負債合計	【問1】	(ア	17,000)
負債合計		(	150,000)
純資産の部			
株主資本			
資本金			50,000
資本剰余金			20,000
利益剰余金			80,000
株主資本合計			150,000
純資産合計			150,000
負債純資産合計		(	300,000)

<資料２＞ 損益計算書　　　　　　　　（単位：百万円）

売上高	【問２】	（イ	480,000）
売上原価	【問３】	（ウ	336,000）
売上総利益		（	144,000）
販売費及び一般管理費		（	136,000）
営業利益		（	8,000）
営業外収益			1,680
営業外費用			4,800
経常利益		（	4,880）
特別利益			984
特別損失			2,880
税引前当期純利益		（	2,984）
法人税等合計			884
当期純利益	【問４】	（エ	2,100）

<資料３＞ キャッシュ・フロー計算書　　　（単位：百万円）

営業活動によるキャッシュ・フロー			5,770
投資活動によるキャッシュ・フロー		（	△ 20）
財務活動によるキャッシュ・フロー			△ 4,450
現金及び現金同等物の増減額		（	1,300）
現金及び現金同等物の期首残高			28,700
現金及び現金同等物の期末残高	【問５】	（オ	30,000）

【問1】 ④

<資料４＞の流動比率　140％より

133,000（流動負債）× 140％ = 186,200（流動資産）

穴埋めで　現金及び預金 = 30,000　←（オ）

（＝キャッシュ・フロー計算書の現金及び現金同等物の期末残高）

資産合計 = 300,000（＝負債純資産合計）

※負債純資産合計は「純資産の貸借対照表構成比率　50％」からも計算できる。

負債合計 = 150,000

固定負債合計 = 17,000　←（ア）

社債 = 7,000

【問2】 ②

<資料４＞の前年度売上高　500,000百万円、売上高の対前年度比率　96％より

500,000（前年度売上高）× 96％ = 480,000（当年度売上高）　←（イ）

【問3】 ③

<資料４＞の売上高売上原価率　70％より

480,000（当年度売上高）× 70％ = 336,000（売上原価）←（ウ）

穴埋めで　売上総利益 = 144,000

【問4】 ④

<資料４＞の発行済株式数　210百万株、１株当たり当期純利益　10円より

@ 10円× 210百万株 = 2,100百万円（当期純利益）←（エ）

逆算して穴埋めしていくと

当期純利益＝税引前当期純利益－法人税等合計

　∴税引前当期純利益 = 2,100 ＋ 884 = 2,984

税引前当期純利益＝経常利益＋特別利益－特別損失

　∴経常利益 = 2,984 － 984 ＋ 2,880 = 4,880

経常利益＝営業利益＋営業外収益－営業外費用

∴営業利益 ＝ 4,880 － 1,680 ＋ 4,800 ＝ 8,000

営業利益＝売上総利益－販売費及び一般管理費

∴販売費及び一般管理費 ＝ 144,000 － 8,000 ＝ 136,000

【問5】　③

問題文より

「貸借対照表の現金及び預金とキャッシュ・フロー計算書の現金及び現金同等物は等しいものとする」とあるので、現金及び預金　30,000　が、キャッシュ・フロー計算書の「現金及び現金同等物の期末残高」となる。

現金及び現金同等物の期末残高＝現金及び預金＝ 30,000　←（オ）

（求め方は【問1】の解説参照）

穴埋めによりキャッシュ・フロー計算書の

現金及び現金同等物の期末残高＝現金及び現金同等物の増減額

＋現金及び現金同等物の期首残高

∴　現金及び現金同等物の増減額 ＝ 30,000 － 28,700 ＝ 1,300

現金及び現金同等物の増減額＝営業活動によるキャッシュ・フロー

＋投資活動によるキャッシュ・フロー

＋財務活動によるキャッシュ・フロー

∴　投資活動によるキャッシュ・フロー ＝ 1,300 － 5,770 ＋ 4,450 ＝△20

【問6】　②

（ア）正味運転資本は、流動的な資金の正味額を意味する。→正

（イ）正味運転資本＝流動資産－流動負債 ＝ 186,200 － 133,000 ＝ 53,200 →誤

【問7】　①

（ア）不良在庫が多額になると、流動比率は高いのに当座比率が低いという状況になりうる。→正

（イ）当座比率（％）＝ $\dfrac{流動資産－棚卸資産}{流動負債} \times 100$

　　　＝ $\dfrac{186,200 － 90,000}{133,000} \times 100 = 72.3（％）$ →正

【問8】　④

（ア）自己資本比率は、貸借対照表における資金の源泉（調達）側のバランスを見る指標である。→誤

（イ）＜資料4＞より純資産の貸借対照表比率＝自己資本比率　50％とあるので→誤

自己資本比率（％）＝ $\dfrac{自己資本（＝純資産合計）}{総資本（＝負債純資産合計）} \times 100$

【問9】　③

フリー・キャッシュ・フロー＝営業活動によるキャッシュ・フロー
　　　　　　　　　　　　　　　　＋投資活動によるキャッシュ・フロー

（ア）営業活動によるキャッシュ・フローの収入額よりも投資活動によるキャッシュ・フローの支出額の方が大きければ、フリー・キャッシュ・フローはマイナスとなる。　→誤

（イ）A社のフリー・キャッシュ・フロー＝ 5,770 － 20 = 5,750　→正

【問10】　①

（ア）対前年度比率は総額での期間推移を比率で表し、伸び率は増減の純額を比率で表すものである。　→正

（イ）対前年度伸び率（％）＝対前年度比率（％）－ 100（％）

$$= \frac{当年度の金額}{前年度の金額} \times 100 - 100$$

現金及び預金の伸び率（％）$= \frac{30,000}{28,700} \times 100 - 100 = 104.5 - 100$

$$= 4.5\% \quad →正$$

【問11】　②

（ア）自己資本当期純利益率は、株主の出資に対する収益性を判断するための指標である。　→正

（イ）自己資本当期純利益率（％）$= \frac{当期純利益}{自己資本} \times 100 = \frac{2,100}{150,000} \times 100$

$$= 1.4\% \quad →誤$$

【問12】　①

（ア）総資本回転率は、企業の投下資本総額が売上高を生み出す効率を見る指標である。　→正

（イ）総資本回転率（回）$= \frac{売上高}{総資本} = \frac{480,000}{300,000} = 1.6 \text{回} \quad →正$

【問13】 ④

（ア）財務レバレッジ（％）$= \dfrac{総資本}{自己資本} \times 100$

∴総資本が同じ金額のとき、分母の自己資本（＝純資産）の金額が大きくなると財務レバレッジは小さく（低く）なる。→誤

（イ）財務レバレッジ（％）$= \dfrac{総資本}{自己資本} \times 100 = \dfrac{300,000}{150,000} \times 100$

$= 200\%$ →誤

Ⅳ （本試験　第 21 回 Ⅳ 一部改題）

金額単位は、特記したものを除き問題資料に準ずる（百万円）。

<資料１>　貸借対照表　　　　　　　　　　　　　（単位：百万円）

	A社	B社
資産の部		
流動資産		
現金及び預金	2,000	1,800
受取手形	1,200	1,700
売掛金	2,200	1,300
有価証券	1,500	400
商品	300	370
その他	400	300
流動資産合計	7,600	5,870
固定資産		
有形固定資産		
建物	10,000	（　　6,000）
備品	5,000	7,000
有形固定資産合計	15,000	（　13,000）
無形固定資産		
特許権	800	－
ソフトウェア	400	500
無形固定資産合計	1,200	500
投資その他の資産		
投資有価証券	400	130
投資その他の資産合計	400	130
固定資産合計	16,600	（　13,630）
繰延資産		
開発費	800	500
繰延資産合計	800	500
資産合計	25,000	（　20,000）

		A社	B社
負債の部			
流動負債			
支払手形		2,000	1,700
買掛金	(ア	2,800)	1,500
短期借入金		2,400	2,000
その他		400	300
流動負債合計	(	7,600)	5,500
固定負債			
長期借入金	(	1,800)	600
退職給付引当金		200	700
固定負債合計	(	2,000)	1,300
負債合計	(	9,600)	6,800
純資産の部			
株主資本			
資本金		8,500	9,000
資本剰余金		1,500	1,650
利益剰余金		5,350	2,870
自己株式		−	(イ △ 350)
株主資本合計		15,350	(13,170)
評価・換算差額等			
その他有価証券評価差額金		50	30
評価・換算差額等合計		50	30
純資産合計		15,400	(13,200)
負債純資産合計		25,000	(20,000)

＜資料２＞　損益計算書　　　　　　　　　　　　　（単位：百万円）

	A社	B社
売上高	（ウ　15,000）	（　12,000）
売上原価	12,000	（エ　9,600）
売上総利益	（　3,000）	（　2,400）
販売費及び一般管理費	1,800	1,500
営業利益	（　1,200）	（　900）
営業外収益	600	550
営業外費用	300	450
経常利益	（　1,500）	（　1,000）
特別利益	200	150
特別損失	200	150
税引前当期純利益	（　1,500）	（　1,000）
法人税、住民税及び事業税	420	280
法人税等調整額	△200	△100
法人税等合計	（　220）	（　180）
当期純利益	（オ　1,280）	（　820）

【問１】　②

流動比率（％）＝ $\dfrac{流動資産}{流動負債} \times 100$　より

$100 = \dfrac{7,600}{流動負債} \times 100$　を解くと

A社の流動負債＝ $100 \times 7,600 \div 100 = 7,600$

他の空欄は穴埋めで求めることができる。

買掛金＝ $7,600 - (2,000 + 2,400 + 400) = \boxed{2,800}$　←ア

負債合計＝負債純資産合計－純資産合計＝ $25,000 - 15,400 = 9,600$

固定負債合計＝負債合計－流動負債合計＝ $9,600 - 7,600 = 2,000$

長期借入金＝ $2,000 - 200 = 1,800$

【問2】 ①

固定負債の貸借対照表比率（％）＝ $\dfrac{\text{固定負債}}{\text{総資本（＝負債純資産合計）}}$ × 100　より

$6.5 = \dfrac{1,300}{\text{総資本（＝負債純資産合計）}} \times 100$　を解くと

B社の総資本 ＝ 1,300 × 100 ÷ 6.5 ＝ 20,000

穴埋めで　純資産合計＝総資本－負債合計 ＝ 20,000 － 6,800 ＝ 13,200

株主資本合計＝純資産合計－評価・換算差額等合計

$\quad\quad\quad = 13,200 - 30 = 13,170$

自己株式 ＝ 13,170 － （9,000 ＋ 1,650 ＋ 2,870）＝ $\boxed{\triangle\,350}$ ←イ

【問3】 ⑤

総資本回転率（回）＝ $\dfrac{\text{売上高}}{\text{総資本（＝負債純資産合計）}}$　　より

$0.6 = \dfrac{\text{売上高}}{25,000}$　を解くと　A社の売上高 ＝ 0.6 × 25,000 ＝ $\boxed{15,000}$ ←ウ

【問4】 ⑤

総資本経常利益率（％）＝ $\dfrac{\text{経常利益}}{\text{総資本（＝負債純資産合計）}}$ × 100　より

$5 = \dfrac{\text{経常利益}}{20,000} \times 100$　を解くと　B社の経常利益 ＝ 5 × 20,000 ÷ 100 ＝ 1,000

穴埋めで

経常利益＝営業利益＋営業外収益－営業外費用

　∴営業利益 ＝ 1,000 － （550 － 450）＝ 900

売上総利益 ＝ 900 ＋ 1,500 ＝ 2,400

売上高売上総利益率（％）＝ $\dfrac{\text{売上総利益}}{\text{売上高}}$ × 100　より

$20 = \dfrac{2,400}{\text{売上高}} \times 100$　を解くと　売上高 ＝ 2,400 × 100 ÷ 20 ＝ 12,000

∴売上原価 ＝ 12,000 － 2,400 ＝ $\boxed{9,600}$ ←エ

税引前当期純利益 = 1,000 + 150 − 150 = 1,000

法人税等合計 = 法人税、住民税及び事業税 + 法人税等調整額

　　　　　　 = 280 − 100 = 180

当期純利益 = 税引前当期純利益 − 法人税等合計 = 1,000 − 180 = 820

【問5】　②

【問3】で売上高を求めた後、＜資料2＞の損益計算書を穴埋めしていくと

売上総利益 = 15,000 − 12,000 = 3,000

営業利益 = 3,000 − 1,800 = 1,200

経常利益 = 1,200 + 600 − 300 = 1,500

税引前当期純利益 = 1,500 + 200 − 200 = 1,500

法人税等合計 = 法人税、住民税及び事業税 + 法人税等調整額

　　　　　　 = 420 − 200 = 220

当期純利益 = 税引前当期純利益 − 法人税等合計 = $\boxed{1,280}$ ←オ

【問6】　①

（ア）売上債権 = 受取手形 + 売掛金で求める。

A社：1,200 + 2,200 = 3,400　　B社：1,700 + 1,300 = 3,000　　∴→正

（イ）仕入債務 = 支払手形 + 買掛金で求める。

A社：2,000 + 2,800 = 4,800　　B社：1,700 + 1,500 = 3,200　　∴→正

【問7】　①

（ア）売上高販売費及び一般管理費率（％）$= \dfrac{\text{販売費及び一般管理費}}{\text{売上高}} \times 100$

A社：売上高販売費及び一般管理費率（％）$= \dfrac{1,800}{15,000} \times 100 = 12\%$　　∴→正

（イ）B社の販売費及び一般管理費が実績値よりあと 100 百万円少ない場合、販売費及び一般管理費 = 1,500 − 100 = 1,400　となるので

B社：売上高販売費及び一般管理費率 = $\dfrac{1,400}{12,000} \times 100 = 11.7\%$　　∴→正

【問8】　③

（ア）売上高営業利益率（％）= $\dfrac{営業利益}{売上高} \times 100$　より

A社：$\dfrac{1,200}{15,000} \times 100 = 8.0\%$　B社：$\dfrac{900}{12,000} \times 100 = 7.5\%$

売上高営業利益率は、高い方が良いので、A社の方が良い。　→誤

（イ）B社の営業利益が実績値よりあと 60 百万円多ければ、営業利益 = 900 + 60 = 960　となるので

B社：$\dfrac{960}{12,000} \times 100 = 8.0\%$　　∴A社と同じになる。→正

【問9】　②

流動比率からみた（安全性）は、（B社）の方が良い。

流動比率（％）= $\dfrac{流動資産}{流動負債} \times 100$　より

A社：100％（＜資料3＞より）　　B社：$\dfrac{5,870}{5,500} \times 100 = 106.7\%$

流動比率は高い方が良いので、B社の方が良い。

【問10】　①

（ア）正

（イ）総資本経常利益率（％）= $\dfrac{経常利益}{総資本} \times 100$ より

A社：$\dfrac{1,500}{25,000} \times 100 = 6.0\%$　　B社：$\dfrac{1,000}{20,000} \times 100 = 5.0\%$

総資本経常利益率は高い方が良いので、A社の方が良い。→正

【問11】　①

（ア）総資本利益率を要素分解すると下記のようになる。

$$総資本利益率（\%）= \frac{利益}{総資本} = \frac{利益}{総資本} \times \frac{売上高}{売上高} = \frac{利益}{売上高} \times \frac{売上高}{総資本}$$

$$= 売上高利益率（\%）\times 総資本回転率（回）$$

∴　→正

（ア）売上高経常利益率（%）$= \dfrac{経常利益}{売上高} \times 100$　より

A社：$\dfrac{1,500}{15,000} \times 100 = 10.0\%$　　　　B社：$\dfrac{1,000}{12,000} \times 100 = 8.3\%$

売上高経常利益率は高い方が良いので、A社の方が良い。→正

【問12】　②

（ア）1株当たり当期純利益 $= \dfrac{当期純利益}{発行済株式数}$　より、

当期純利益が同額の場合、分母となる発行済株式数が多いほど1株当たり当期純利益は小さくなる。→正

（イ）B社の1株当たり当期純利益 $= \dfrac{820（百万円）}{10（百万株）} = 82$円　　　∴→誤

【問13】　②

（ア）正

（イ）株価収益率（倍）$= \dfrac{1株当たり株式時価}{1株当たり当期純利益}$

1株当たり当期純利益 $= \dfrac{当期純利益}{発行済株式数}$　より、両社の1株当たり当期純利益は

A社：$\dfrac{1,280（百万円）}{10（百万株）} = 128$円　　　B社：$\dfrac{820（百万円）}{10（百万株）} = 82$円

これより、両社の株価収益率は

A社：$\dfrac{1,500（円）}{128（円）} = 11.7$倍　　B社：$\dfrac{1,800（円）}{82（円）} = 22.0$倍　　　∴→誤

【問14】　①

> （ア）正
>
> （イ）1株当たり純資産 $= \dfrac{純資産}{発行済株式数}$ より、両社の1株当たり純資産は
>
> A社：$\dfrac{15,400（百万円）}{10（百万株）} = 1,540$ 円　B社：$\dfrac{13,200（百万円）}{10（百万株）} = 1,320$ 円　∴→正

【問15】　④

> （ア）株価純資産倍率（倍）$= \dfrac{1株当たり株式時価}{1株当たり純資産}$ なので、
>
> 株価純資産倍率は、1株当たり株式時価が1株当たり純資産の何倍かを示す指標である。　∴→誤
>
> （イ）株価純資産倍率（倍）$= \dfrac{1株当たり株式時価}{1株当たり純資産}$
>
> 1株当たり純資産は【問14】で求めているので、これより、両社の株価純資産倍率は
>
> A社：$\dfrac{1,500（円）}{1,540（円）} = 0.97$ 倍　B社：$\dfrac{1,800（円）}{1,320（円）} = 1.36$ 倍　∴→誤

【問16】　④

> （ア）従業員1人当たり売上高は、数値で表されるので定量情報における労働効率指標である。　→誤
>
> （イ）従業員1人当たり売上高 $= \dfrac{売上高}{従業員数}$ なので、
>
> A社：$\dfrac{15,000}{250（人）} = 60$　B社：$\dfrac{12,000}{200（人）} = 60$ 円　∴→誤

索 引

た

な

は

ま

や

ら

わ

社会福祉法人の経営に必要な法令・経理の知識を身に付けよう!

社会福祉法人経営実務検定
書籍ラインナップ

社会福祉法人経営実務検定とは、社会福祉法人の財務のスペシャリストを目指すための検定試験です。

根底にある複式簿記の原理は、日商簿記検定などで学習したものと同様ですが、社会福祉法人は利益獲得を目的としない点など、通常の企業（株式会社）とは存在意義が異なることから、その特殊性に配慮した会計のルールが定められています。そうした専門知識の取得を目的としたのが、この試験です。

詳しくは、主催者の一般財団法人 総合福祉研究会のホームページもご確認ください。

https://www.sofukuken.gr.jp/

ネットスクールでは、この試験の公式教材を刊行しています。試験対策にぜひご活用ください。

書名	判型	税込価格	発刊年月
サクッとうかる社会福祉法人経営実務検定試験 入門 公式テキスト＆トレーニング	A5 判	1,760 円	好評発売中
サクッとうかる社会福祉法人経営実務検定試験 会計3級 公式テキスト＆トレーニング	A5 判	2,420 円	好評発売中
サクッとうかる社会福祉法人経営実務検定試験 会計2級 テキスト＆トレーニング	A5 判	3,080 円	好評発売中
サクッとうかる社会福祉法人経営実務検定試験 会計1級 テキスト＆トレーニング	A5 判	3,520 円	好評発売中
サクッとうかる社会福祉法人経営実務検定試験 経営管理 財務管理編テキスト＆トレーニング	A5 判	2,420 円	好評発売中
サクッとうかる社会福祉法人経営実務検定試験 経営管理 ガバナンス編テキスト＆トレーニング	A5 判	3,080 円	好評発売中

社会福祉法人経営実務検定対策書籍は全国の書店・ネットスクールWEB-SHOPをご利用ください。

ネットスクール WEB-SHOP
https://www.net-school.jp/

ネットスクール WEB-SHOP 検索

※ 書名・価格・発行年月や表紙のデザインなどは変更する場合もございますので、予めご了承ください。(2022 年 11 月現在)

90%の方から「受講してよかった」*との回答をいただきました。

* 「WEB講座を受講してよかったか」という設問に0〜10の段階中6以上を付けた人の割合。

ネットスクールの日商簿記 WEB講座

ここが違う!

❶ 教材
分かりやすいと好評の『"とおる"シリーズ』を使っています。

❷ どこでも学べるオンライン講義
インターネット環境とパソコンやスマートフォン、タブレット端末があれば、学校に通わなくても受講できるほか、講義は全て録画されるので、期間内なら何度でも見直せます。

❸ 講師
圧倒的にわかりやすい。圧倒的に面白い。ネットスクールの講師は実力派揃い。その講義は群を抜くわかりやすさです。

受講生のアンケート回答結果

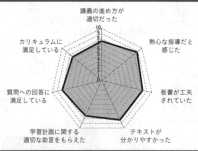

講師陣

桑原知之講師
2級・3級担当

中村雄行講師
1級商会担当

藤本拓也講師
1級工原担当

WEB講座の受講イメージ

スマートフォン・タブレット端末では、オンデマンド講義をダウンロードして持ち運ぶことも可能です。

❶ 講義画面
講義中に講師が映し出されます。臨場感あふれる画面です。

❸ ホワイトボード画面
板書画面です。あらかじめ準備された「まとめ画面」や「テキスト画面」に講師が書き込みながら授業を進めます。画面はキャプチャができ、保存しておくことが可能です。

❷ チャット画面
講義中の講師に対してメッセージを書き込みます。「質問」はもちろんの事、「今のところもう一度説明して」等のご要望もOK!参加型の授業で習熟度がアップします。

❹ 状況報告画面
講義中、まだ理解ができていない場合は「え?」。理解した場合は「うん」を押していただくと、講師に状況を伝えられます。

※ ②・④の機能はライブ配信限定の機能となります。

WEB講座の最新情報とお問い合わせ・お申し込みは

ネットスクール簿記 WEB 講座 フリーコール **0120-979-919** (平日 10:00〜18:00)

ネットスクール 検索 今すぐアクセス!

https://www.net-school.co.jp/